"慢就业"形势下
大学生就业精准服务研究

张静◎著

知识产权出版社
全国百佳图书出版单位
——北京——

图书在版编目（CIP）数据

"慢就业"形势下大学生就业精准服务研究/张静著 . —北京：知识产权出版社，2022. 4

ISBN 978-7-5130-7918-1

Ⅰ. ①慢…　Ⅱ. ①张…　Ⅲ. ①大学生—就业—研究—中国　Ⅳ. ①G647. 38

中国版本图书馆 CIP 数据核字（2021）第 239221 号

责任编辑：庞从容　　　　　责任校对：谷　洋

执行编辑：包洛凡　　　　　责任印制：孙婷婷

"慢就业"形势下大学生就业精准服务研究

张　静　著

出版发行：**知识产权出版社** 有限责任公司	网　　址：http：//www. ipph. cn
社　　址：北京市海淀区气象路 50 号院	邮　　编：100081
责编电话：010-82000860 转 8726	责编邮箱：pangcongrong@ 163. com
发行电话：010-82000860 转 8101/8102	发行传真：010-82000893/82005070
印　　刷：三河市国英印务有限公司	经　　销：各大网上书店、相关专业书店等
开　　本：880mm × 1230mm　1/32	印　　张：7. 25
版　　次：2022 年 4 月第 1 版	印　　次：2022 年 4 月第 1 次印刷
字　　数：170 千字	定　　价：48. 00 元

ISBN 978-7-5130-7918-1

本书系 2019 年重庆市教育委员会人文社会科学研究项目思政专项（项目编号：19SKSZ013）结项成果；西南政法大学 2020 年度学生思想政治教育科研项目（项目编号：2020－XZSZ15）结项成果

习近平总书记在党的十九大报告中提出："提高就业质量和人民收入水平。就业是最大的民生。"就业是最大的民生工程、民心工程、根基工程。大学生就业，一头连着家庭的期盼，一头连着社会的稳定。就业问题既是学生、家长、政府、社会高度关注的焦点问题，也是高校提升服务社会能力的重要工作，更是为党育人，为国育才，为国家输送合格建设者和可靠接班人的重要保障。

大学生就业问题不仅关乎学生个人和家庭，更是现实的社会问题。青年就业问题关乎社会安全稳定，关乎社会健康发展，更关乎国计民生。研究大学生就业过程中出现的新问题，并提出有效的解决办法，对于服务国家的经济社会发展、建立人力资源强国和创新型国家具有深远意义。

本书分析了当前大学生"慢就业"的形势，课题资料全面、翔实、丰富，通过广泛的调研和毕业生访谈对"慢就业"现象产生的原因进行了深入细致的分析，并积极探寻"慢就业"形势下开展大学生精准就业服务的新思路、新途径、新方法。作者立足实际，从分阶段、分类别、分方向、分情况四个方面，详细阐述了"慢就业"形势下辅导员如何做好大学生就业精准服务工作的工作思路和工作方法。本书着力于解决高校就业工作中面临的具体问题，研究成果具有较强的实效性和创新性，对高校辅导员开展就业指导和服务工作具有一定的参考价值。

在西南政法大学担任一线专职辅导员 23 年来，我深知每个毕业学生的背后都是一个家庭，学生的就业情况事关学生的前途命运，事关家庭的幸福，也事关社会的稳定与发展。本书收录的 40余个就业指导案例都是辅导员和学生之间围绕生涯规划、就业择业发生的真实故事，故事的选取具有一定的代表性，案例的收录既体现了教育的高度，又体现了教育的温度。通过阅读本书收录的就业指导案例，也唤起了我和学生在一起的那些难忘的围绕就业发生的故事，产生了情感上的共鸣。

字里行间中，我能触摸到作者一直用实际行动践行敬业爱生、育人为本、为人师表的辅导员责任之心。

简　敏

目　录

第一章

"慢就业"形势分析

大学本科毕业生寒窗苦读十余载，经过四年的专业知识学习和系统训练，为的是毕业之后选择适合的职业，在社会分工体系中找到自己的位置，步入正常的社会群体生活。近年来，高校毕业生人数逐年增加，就业难度进一步加大，大量本科毕业生在求职时不能找到理想的职位。教育部数据显示，我国2020届高校毕业生高达874万人，刷新了近10年毕业生人数的纪录，意味着就业形势更加严峻。①

　　然而，在就业难的大背景下，有少数的毕业生选择告别"毕业就工作"的传统模式，与以往"先就业再择业"的传统观念背道而驰，高校出现毕业后"有业不就"或选择性失业的"慢就业"群体。

---

　　① 任敏.874万！2020届高校毕业生再创新高，同比增加40万［N］.北京晚报，2019—10—31.

第一节　"慢就业"现象的出现

一、"慢就业"群体的出现

"慢就业"是指部分高校应届毕业生在毕业后由于没有生活压力并不着急立即就业，而是选择陪伴家人、四处游历、准备升学或长期实习等各种形式的缓就业或暂时待业；或持观望态度，等着亲朋安排，等着好友推荐，等待更合适的时机等来逃避求职。"慢就业"是对各种"有业不就"或"选择性"失业现象的统称。①

"慢就业"群体是指毕业半年仍处于非就业状态的毕业生，有的毕业生在继续找工作，有的毕业生准备继续求学，有的毕业生准备考公务员，有的毕业生在参加各种职业技能培训，有的毕业生在准备职业资格考试，有的毕业生想休息一段时间再考虑就业问题，有的毕业生既未就业也无其他计划。②

"慢就业"是毕业生的一种就业态度，随着时间和环境的改变会有所改变，但"被慢就业"现象更值得关注，除了自主选择"慢就业"的大学生外，离校未就业的高校毕业生中，不少是"被慢就业"的毕业生。

"慢就业"群体大致有两类：一类是主动选择"慢就业"。积极主动的"慢就业"学生群体，从个人职业发展考虑选择"慢就

---

① 余华琼．"慢就业"形势下高校毕业生就业市场开拓"一域三路"的思考与探索［J］．大学生就业．2018（9）．

② 今年高校毕业生934万创新高，就业形势好不好？［N］．人民日报，2019-03-29.

业"，对于缓解就业压力，提高毕业生就业质量，降低毕业生就业半年内的离职率，提高毕业生就业满意度，都有积极作用，应该支持和鼓励。另一类是被动选择"慢就业"，消极被动的"慢就业"学生群体，暂不考虑就业问题，对未来既无计划也无安排，通过"慢就业"来逃避求职，或者因长期找不到工作而丧失信心。这不仅不利于毕业生个人发展，造成毕业生慢慢与社会脱节，甚至从"慢就业"者变成"啃老族"，对毕业生家庭来说，也是无法承受之重。高校在毕业生毕业后半年内应当对当年毕业生就业情况进行持续追踪，对"慢就业"者予以重点关注，通过开展就业精准服务工作、离校未就业学生就业帮扶等工作，帮助毕业生尽早就业，步入正轨。

"慢就业"群体是随着大学生就业制度变化、高校扩招等情况的出现而产生的。在1977年全国恢复高考后，我国的大学生就业制度经历了三个明显的阶段变化：一是统一包分配阶段；二是自由双向选择阶段；三是自主选择就业阶段。①

高考制度恢复之初，大学毕业生在求职者中仍为少数，招聘单位对大学毕业生的岗位需求大，本科毕业生在当时是抢手的人才资源。改革开放政策实施后，市场就业机会以及形式更加丰富多样，本科毕业生的统一分配制度越来越不适应市场经济的需求，高校本科毕业生的就业分配制度进行改革，从统一包分配变为自主择业为主的就业制度。进入21世纪，我国市场经济发展更加完善，国家也加大对高素质人才培养的力度，各大高校纷纷扩招，为更多学子提供进入大学学习的机会，本科

---

① 李明璇．回顾就业四十年：从"统包统分"到"自主择业"［J］．中国大学生就业，2019（13）：4—6.

毕业生人数逐年增加，我国大学生就业制度进入学生自主选择就业阶段。此时，站在就业的"十字路口"的高校毕业生面临更多的就业选择可能性，但是与此同时其求职压力也更大，求职竞争越发激烈，毕业生不能找到称心如意的工作的风险也随之增加。

教育部发布的《全国教育事业发展统计公报》显示，从1999年我国高校实施扩招政策之后，高等院校招生人数以及毕业生人数急剧上升。其招生人数从1999年的159.68万人激增至2019年的830.24万人；与此同时，毕业生人数从1999年的84.76万人激增至2019年的820.12万人，就业形势日益严峻为每一位高校毕业生带来无形的压力，在此情形下，"慢就业"现象逐渐出现并呈现扩大化趋势。

在大学毕业生不断增多的背景下，当代大学生毕业去向主要有三种：一是获得单位聘用或者自主创业，由学生转变为职场人士；二是考取国内研究生或者出国留学继续深造；三是待就业以寻找合适工作岗位或者专心备考。① 根据大学生就业报告的统计数据，2018年通过单位聘用或自主创业参加工作的大学毕业生占比为75.4%，相较于2014年的79.6%下降了4.2个百分点；考取国内研究生或者出国留学继续深造，暂时不就业的大学毕业生占比为20.1%，相较于2014年相同类别的15.5%，上升了4.6个百分点；最后，待就业以寻找合适工作岗位或者专心备考的大学毕业生占比为4.2%，相较于2014年相同类别的4.5%，下降了0.3个百分点。

———————

① 祁静静，张杰. 大学生就业选择及就业心理问题分析［J］. 轻工科技，2020（12）：99—101.

下图是由智联招聘发布的《2020 年秋季校园招聘报告》：

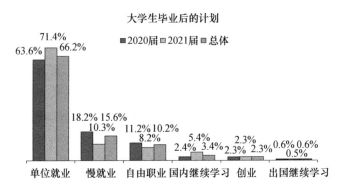

（来源：智联招聘发布的 2020 年秋季招聘报告）

学生毕业后的规划与其所处的阶段紧密相关，现阶段还在求职的 2020 届应届生经历了一轮求职洗礼后，其中一部分 2020 届毕业生正在向"慢就业"和"自由职业"模式转化，占比分别达到 15.6% 和 11.2%，明显高于 2021 届毕业生。[①]

由青海省教育厅发布的《青海省 2018 届普通高校毕业生就业质量报告》显示，2018 届全省共有 1448 名毕业生未就业，其中研究生 185 名，本科毕业生 730 名，专科毕业生 533 名，申请暂不就业的毕业生群体中，经统计分析大部分毕业生准备参加升学考试、公务员和事业单位招考。[②] 这 1448 名未就业的毕业生中的大部分都属于"慢就业"群体。

---

① 智联招聘发布的 2020 年秋季招聘报告，来源网站：www. zhaopin. com.
② 莫青. 青海省高校毕业生"慢就业"现象调查［J］. 学习强国 APP 青海学习平台.

在就业压力不断增加的情况下，部分大学毕业生告别"毕业即工作"的传统，成为"慢就业"群体。"慢就业"群体的出现，是多方面因素共同造成的，包括个人就业思维模式的转变、家庭经济压力较小以及父母思想较开明，能够理解孩子"慢就业"的选择，社会就业竞争激烈等。

二、欧美国家的"间隔年"

（一）"间隔年"的起源

间隔年起源于欧洲 16 世纪的"大旅行"，第一个真正意义上的"间隔年"出现在 20 世纪 60 年代的英国，由反主流文化的活跃群体嬉皮士发起，他们追求自我认识、与他人交流，反对越战和民族主义，批评西方国家中产阶级的价值观。

1967 年，尼古拉斯·麦克莱恩 - 布里斯托成立了一个教育信托基金，并把他的头三个学生送到了埃塞俄比亚首都，开发了间隔年志愿者的就业市场，后来又被称为公益旅行市场。

间隔年盛行于 19 世纪 80 年代的英国。20 世纪末至 21 世纪初，随着各种关于间隔年书籍的出版、相关文章的刊发以及媒体的广泛报道，间隔年开始流行于欧美各国，受到越来越多学生的青睐。

美国的许多顶尖大学，例如哈佛大学、纽约大学、麻省理工学院等均对间隔年持积极支持态度，而且制定了相关政策允许学生延迟入学。普林斯顿大学还创建了自己的间隔年——"桥年"计划。

（二）"间隔年"的概念

"间隔年"起初是针对西方社会青年旅行方式变迁总结出来

的概念。大概意思是指西方国家的青年在升学或者毕业之后工作之前，做一次长期旅行（通常是一年），让他们体验与自己生活的社会环境不同的生活方式。

间隔年是研究国外高等教育培养思路和学生全面发展的热点话题之一。作为学校传统教育的有效补充，间隔年是国外大学的一种创造性教育尝试，它将学生的生活体验和课堂学习相结合，拓展了高等教育的宽度，旨在通过高等教育培养思路的创新和培养路径的变革培养全面发展的世界公民。[①]

（三）"间隔年"的体验方式

"间隔年"的体验方式大致可以分为三种：

第一种方式：打工换宿。打工换宿是指青年学生通过在各地青年旅社打工来换取免费的食宿，这种以劳动换取基本生活的做法对于没有积蓄又不愿开口向家里要钱的青少年来说，既公平又便宜，而且是一种锻炼自己的手段。

第二种方式：志愿服务。志愿服务是一种既可以体验世界又能帮助他人的间隔方式。如今全球有许多非政府组织在世界各地都有相应的组织机构和项目支持这种国际志愿服务。相比于打工换宿，志愿服务对于学生来说是更为适合的一种形式，加入正规的组织、去到特定的地点，因而相对安全，生活也比较有保障。此外，志愿服务最好是有一定的教育背景，比如语言教育、医学、社区服务等，因此，学生群体更容易被录取。

第三种方式：租房生活。租房生活是指间隔途中，青年学生在一个地方租一所房子，体验当地人的生活。这种方式适合有一

---

① 田学军，蔡妍，文涵. 间隔年践行的中西方比较研究及其对中国大学教育培养路径的启示［J］. 江苏第二师范学院学报，2019（10）.

定经济基础的人。他们可以每天穿梭在这个城市的大街小巷，或者漫步于乡间田野，与当地人闲谈，品尝当地的美食，这样的收获或许比一直漂泊在路上更多。

三、"慢就业"与"间隔年"

"间隔年"发源于英美等发达国家，一般在经济高速增长、社会步入现代化进程后出现，不少西方青年在升学或者毕业之后、工作之前会选择过"间隔年"。

经过西方国家多年的研究和实践，间隔年在推动学生发现自我、凸显兴趣、融入社会、扬长避短、抬升自身（国际）竞争力等方面，发挥着良好的反拨作用。①

"慢就业"在国外早已不是新兴事物，对于主动选择"慢就业"的学生群体来说，"慢就业"可以让自己有一段属于自己的时间，当一个人从长期的压力和期望中抽离出来，去认真思考个人的价值、目标和生活方式，能提升职业满意度和职业幸福感。主动选择"慢就业"的毕业生完成了自己的规划和安排后，随着时间和环境的改变，会加入求职的大军。

被动选择"慢就业"的学生群体相比主动选择"慢就业"的学生群体更值得被关注。名牌院校的学生，大多有从容择业的资本，而普通本科和专科院校的学生，就业渠道相对狭窄，加上个别专业输出的人才和市场需求不匹配等问题，容易导致学生"被慢就业"。家庭条件较好的学生有"慢就业"的自主选择权，而

---

① 田学军，蔡妍，文涵. 间隔年践行的中西方比较研究及其对中国大学教育培养路径的启示［J］. 江苏第二师范学院学报，2019（10）.

特殊毕业生，则会在求职过程中遇到更多困难，也存在"被慢就业"的情况。还有一种"被慢就业"的情况是过度教育，研究生求职迁就度更低，很多企业不愿意为研究生付出过高的人力成本，过度教育也有可能导致学生"被慢就业"。①

目前，高校培养的大学毕业生适应社会的能力普遍比较欠缺，高校应届毕业生人数逐年递增，2022 届毕业生达到 1067 万，就业形势更加严峻，所以应届毕业生的身份就显得特别珍贵。应届毕业生在就业上能享受一定的政策倾斜，校园招聘的竞争压力也小于社会招聘，甚至不少用人单位明文规定只招收应届毕业生，而往届生在参加公务员考试或社会招聘时常常遭遇"闭门羹"，所以应届毕业生千万不要抱着"等一等""看一看"形势的态度"慢就业"。由于缺乏选择"间隔年"的文化背景和政策支持，主动选择"慢就业"的学生考研或者公务员考试失利后仍然不得不继续求职，被动选择"慢就业"的学生群体随着待业时间的延长，个人的追求和社会的需求脱节，求职动力日渐不足，可能发展为"啃老族"。如果在"慢就业"期间既不注重学习，也不注重实践，除了年龄增加外，知识的储备、对行业的了解、对社会的认识仍然停留在毕业时的水准，在就业市场上，个体的市场竞争力只会越来越小。不少尝试过"慢就业"的毕业生都反映，"慢就业"期间没有想象的美好，时间过得很快，还没有想清楚，还来不及想清楚，终究要从象牙塔步入社会，兜兜转转还是回到了求职的原点。

"慢就业"终非长久之计，对选择"慢就业"的学生群体来

---

① 莫青. 青海省高校毕业生"慢就业"现象调查 [R]. 学习强国 App 青海学习平台.

说，在毕业后不能混日子，需要加强时间管理，不断积累社会阅历和工作经验，不断练就自身的本领并找准前进的方向，这样才能真正发挥"慢就业"这段时间的作用，才能实现自身、家庭、学校和用人单位的多赢。

第二节　"慢就业"现象产生的原因

"慢就业"现象的出现，是多种因素综合作用的结果，包括外部环境和内部原因，既与经济社会发展环境密切相关，也与毕业生家庭和个人就业观念和所学专业相关，是近年来毕业生就业形势变化的客观反映。下文将从主客观两个角度对"慢就业"现象产生的原因进行深入分析和探讨。

一、社会环境

首先，就业形势逐年严峻，随着社会经济的快速发展，我国高校毕业生规模不断攀升，2020 届高校毕业生规模达到 874 万，同比增加 40 万人。[①] 每年不断增加的高校毕业生，加上前几年未就业的毕业生，未就业总人数规模大，新增就业岗位有限，毕业生就业形势一年比一年复杂严峻。面向同一岗位竞争的求职者中，能力稍弱被淘汰的大学毕业生成为不能顺利实现就业而被迫"慢就业"群体中的一员。

其次，本科毕业生相对而言缺乏竞争力。随着高校扩大招生人数，加大对高端人才培养的力度，全国本科毕业生甚至硕士、

---

① 2020 届高校毕业生将达 874 万人，[N]．光明日报，2019-11-01.

博士毕业生的人数也不断增加，本科毕业生在与硕士、博士毕业生竞争岗位时可能缺乏一定的竞争力，致使本科毕业生不能顺利就业。另外，招聘单位通常希望能够聘用有工作经验的员工，以缩短培训时长，为单位更快速创造更多价值。因此，本科毕业生在缺乏工作经验的情况下，与有工作经验的应聘者竞争岗位时也可能缺乏竞争力，不能顺利实现就业。

最后，就业门槛提高。部分岗位招聘条件要求应聘者具有硕士研究生学历，在对该岗位极其心仪的情况下，不少本科毕业生会选择攻读硕士研究生以提高自身学历水平，从而获得更好、更多的就业机会。其中，第二次备考硕士研究生入学考试的本科毕业生也会加入"慢就业"群体。

二、学校影响

首先，高校人才培养模式不能适应企业人才需求。目前，众多高校的人才培养模式侧重于对学生的学术能力培养以及理论知识教育，致使这种模式下培养出的大学毕业生多为学术型人才，存在重理论而轻实务的问题。而用人单位更注重应聘者的实践能力以及业务水平，学术型大学毕业生难以满足招聘单位对实务的要求。高校人才培养模式使得大学毕业生不能很好地将理论与实际联系起来、融会贯通，大学毕业生普遍存在实践能力差、适应社会能力弱等问题，以致其在求职过程中一度走入困境。

其次，高校就业指导开展缺乏针对性。各大高校基本上都设立大学生就业指导中心，从学校到学院，尤其是针对毕业年级，都有专门机构以及专职人员为大学生提供就业指导和服务，比如定期安排召开企业进校园宣讲会、就业指导讲座、通过校园官网或者其他新媒体平台发布企业招聘信息、开设大学生职业生涯规划课程等。但是这些工作面向的主体为毕业年级全体学生，高校就业指导的开展未对学生情况和就业意向进行分类，缺乏指导的针对性，是否参加宣讲会，是否查看企业招聘信息，全靠学生本人的自觉和兴趣。这对于提高大学生的职业规划能力以及求职能力的作用相对有限，不能对大学生进行有针对性的个性化指导。

三、家庭成因

要么考研，要么考公务员，这是很多毕业生的想法，同时也是很多家长的想法。"慢就业"现象很大影响来自学生家长，许多父母希望孩子的工作能一步到位，找工作的事儿不着急，在家安心复习考试。

一方面，我国的家庭生活水平普遍提高。随着社会经济的发展，人民生活变得富裕，家庭的生活条件逐步改善，大学毕业生不需要通过在毕业后马上参加工作来获得生活来源并分担家庭经济压力。并且，家庭普遍能够在大学生毕业后为其提供经济支持，使得大学毕业生并不急于找到工作以获得收入。大学毕业生能够暂缓就业的步伐，以升学、游学等形式增长见识，在毕业时成为"慢就业"群体之一。

另一方面，家长的思想更加开明。改革开放以及观念的变化，使得当代许多家长的思想变得更加开明，对孩子在本科毕业后做出暂时不就业的决定能够表示理解和支持，让孩子继续追求自己的梦想。家长开明的思想消除了毕业生选择"慢就业"的后顾之忧。

四、毕业生个人

首先,毕业生对第一份工作期望值过高。虽然如今获得本科学历的人逐年增多,但是毕竟其代表了获得的高等教育资格,大学毕业生会因此存在心理上的优越感。尤其是在家庭条件普遍优渥的条件下,大学毕业生在求职时会出现追求舒适的工作环境、轻松的工作任务、优越的薪资福利等情况,却忽视了自身能力与期望值不匹配的问题。这也造成大学毕业生在求职中不能找到满意的工作,最终成为"慢就业"群体。

其次,毕业生未正视身份的转变。当大四学生站在临近毕业的十字路口时,一些人未能意识到自身身份的转变而选择逃避。逃避心理最典型的做法是不知道自己想要从事的职业与岗位,因而选择考研升学,暂时回避思考就业的问题。

最后,大学毕业生的就业观念发生变化。大学生有了更多的就业选择空间。据调查,有5.4%的毕业生怀着"丰富阅历"的目的而延迟毕业时间;有40%的毕业生想休息一段时间再寻找就业机会;有10%的毕业生正在为自己的创业做准备工作。① 大学毕业生已经一改以往"毕业即就业"的心态,为自己毕业后的人生之路创造了多种可能性,而不局限于就业这一条路径。

---

① 薛孟君. 论新时代大学生"慢就业"现象 [J]. 山西农经,2020 (23): 134—135.

第三节 "慢就业"现象的现状和趋势

一、"慢就业"现象现状

随着市场经济的发展，国民生活水平普遍提高，大学毕业生面临的毕业出路选择变多，毕业生可以选择升学深造、外出游学、暂时不就业以专心备考等方式，就业成为大学毕业生的非必选出路，"慢就业"现象由此逐渐出现。

居民人均收入水平的提高，使得家庭的财富积累增多，大学毕业生减少了毕业后急于找工作以获得经济来源从而减轻家庭经济压力的负担。新时代的家长也普遍获得较高学历，拥有开阔的眼界以及开明的观念，能够理解和支持大学毕业的孩子不急于找工作的做法，希望孩子通过进一步考学深造提升自我以等待更好的就业机会，或者能够支持孩子不盲目确定毕业后的第一份工作，而是仔细挑选从而确定最适合的领域和岗位。由此，"慢就业"群体规模正在慢慢变大。

二、"慢就业"现象未来趋势分析

在当代大学毕业生中，"慢就业"状况逐步常态化并且有扩大的趋势。这一现象的出现与毕业生就业观念的转变有极大关系。以 A 大学为例，2017 届应届毕业生中共有 437 人选择"慢就业"，占当年毕业生总数的 6.77%，2018 届应届毕业生中共有 455 人选择慢就业，占当年毕业生总数的 7.23%，2019 届应届毕业生中共有 465 人选择慢就业，占当年毕业生总数的 7.51%。

一些大学毕业生毕业后既不马上就业也不继续深造，而是慢慢观察、思考、决定自己今后的职业发展道路，其中一些人会因长期找不到工作而对就业失去信心，退出劳动力市场，或没有目标规划而茫然地窝在家里无所事事。这类毕业生数量的增加，无疑会给劳动力市场释放负面信号。而年轻人脱离劳动力市场时间越长，越会出现难以走入职场的恶性循环，逐渐演变为社会的上的"尼特族"。①

"慢就业"人数的增加也与经济环境变化有关。2020 年年初出现的新冠肺炎疫情导致全球经济遭受重创，大量企业因此受到牵连，造成货品积压、订单减少而无法维持正常运转，最终只能裁员以减少开支甚至面临倒闭风险。在此经济环境下，很多用人单位减少招聘岗位及人数，2019 届、2020 届毕业生面临更加艰难的求职局面，一些有经济条件的大学毕业生选择出国留学或者考研以谋求个人更好的发展。与此同时，在严峻的疫情影响下，全国多地公务员、选调生等考试被迫延期，使众多意向考取公务员或者选调生的毕业生处于大学毕业与就业的空档阶段，无法在毕业后与就业岗位有效衔接，这也是造成"慢就业"现象的原因之一。

综上可知，当代大学毕业生"慢就业"现象在未来仍有继续持续的趋势，这一现象的改变与毕业生个人就业观念的转变、市场经济大环境变化有着密切的联系。

---

① 莫荣，陈云，熊颖，等．中国就业发展报告（2020）［R］．社会科学文献出版社，2020：96．尼特族，指一些不升学、不就业、不进修或不参加就业辅导，终日无所事事的青年族群。

第二章

"慢就业"应对之策：
就业精准服务

第一节 大学生就业精准服务的提出

一、大学生就业精准服务提出的背景

"慢就业"现象折射出高校毕业生就业群体的思想、行为、选择相比传统的就业观念和行为模式有了新的变化，传统的"学习—毕业—就业"的线性模式正在被打破，这一变化值得教育主管部门高度关注，也对高校的就业工作提出了新的挑战。

2015年11月27日，《教育部关于做好2016届全国普通高等学校毕业生就业创业工作的通知》中对各地各高校提出了建立精准推送就业服务机制的工作要求，为大学生提供就业精准服务成为高校就业工作新的着力点，这也是应对大学生"慢就业"现象的解题方法之一。

2016年3月17日，《教育部办公厅关于开展全国普通高校毕业生精准就业服务工作的通知》，在通知的第一条中明确提出"精准就业服务"的工作要求，就业指导服务是高校毕业生就业工作的职责所在和主要内容。精准就业服务是提升就业指导服务水平，做好新形势下高校毕业生就业创业工作的必然要求。各地各高校要把建立健全精准推送就业服务机制作为创新工作方式、践行"三严三实"的重要体现，明确目标任务，统筹多方资源，加大资金支持和人员保障，调动辅导员（班主任、研究生导师）、院系、职能部门、用人单位积极性，主动适应经济发展新常态，不断满足毕业生就业、创业新需求，进一步提升高校毕业生就业指导服务质量和水平。

2016 年 11 月 25 日，《教育部关于做好 2017 届全国普通高等学校毕业生就业创业工作的通知》中再次要求各地各高校进一步提升就业指导水平和服务能力，强化精准服务。

高校开展"精准就业服务"既是过程性要求，也是目标性要求，是普通高等学校落实三全育人工作理念，促进毕业生更加充分和更高质量就业的具体要求。只有将"精准"二字落实到学生入学、人才培养、毕业择业、离校跟踪的全过程，落实到学生就业全过程，包括但不限于生涯规划、方向选择、信息获取、技能提升、机会获得、行业选择等环节，落实到就业市场开发、就业创业指导、就业管理工作的方方面面，才能有效应对日益严峻的"慢就业"形势。

我校高度重视精准就业服务工作，积极按照教育部的相关要求，立足实际，建立大学生就业精准服务工作机制，要求学校就业指导中心和各院系要明确在大学生精准就业服务中的角色定位，分阶段、分类、分方向、分情况做好大学生精准就业服务工作，将就业精准服务工作贯穿学生人才培养的全过程，积极探寻"慢就业"形势下开展大学生精准就业服务的新思路、新途径、新方法，从精准分类、精准指导、精准对接、精准宣传、精准帮扶五个维度开展精准就业服务工作。

作为一线专职辅导员，笔者长期工作在学生日常管理和就业服务工作的最前端，是与毕业生距离最近的人。为了开展好大学生就业精准服务工作，我们将精准分类、精准指导、精准对接、精准宣传、精准帮扶五个维度的工作要求落到实处，将大学生就业精准服务工作贯穿人才培养的全过程，分阶段、分类、分方向做好大学生就业精准服务。通过这些卓有成效的工作有效减少"慢就业"的学生数量，帮助有"慢就业"意愿的学生顺利就业，旨在打通毕业生从学校到职场的"最后一公里"。

二、大学生就业精准服务工作的主要内容

（一）分阶段做好大学生就业精准服务

我国高校受传统计划经济的影响较深，沿袭计划经济模式的惯性较大，与以市场为导向的"双向选择、自主择业"的毕业生就业制度改革的不断深化和推进程度相比，高校的就业指导服务工作表现出明显的滞后性，存在许多不能适应市场经济发展和高等教育大众化发展的问题。一些高校的就业指导服务仍浮于表面、过于简单，处在被动应付和"临阵磨枪"的阶段，突出地表现为"七多七少"，即：在毕业年级开展多，在其他年级开展少；学生工作部门和一线专职辅导员重视多，学校其他工作部门和教职工参与少；领导讲话中重视多，实际精力投入和财力条件投入少；带有功利性和支招式指导多，结合职业生涯发展指导少；开展普遍性指导多，个性化指导少；笼统泛泛式的指导多，针对学生就业心理问题指导少；满足于追求表面就业率多，深入研究探索就业问题少。

就业指导工作主要在毕业班开展，追求就业指导的实用性、速效性、技巧性，忽视了就业指导的科学性、系统性和差异性，学生多为被动接受，很少主动探索。这种"临阵磨枪"式的就业指导模式无法帮助大学生规划适合自己的职业生涯，很难有效地提高毕业生的就业质量。[①]

---

① 普月力，唐于人，赵盛萍，等．地方高校大学生精准化就业指导服务探究——以玉溪师范学院为例．人力资源开发，2019（10）．

　　九年的辅导员工作经历让笔者明白了一个道理，就业工作不能等到大学四年级才开始用力，进入毕业季，学生的社会实践经历、就业技能已基本定型，此时开展就业工作为时已晚，学生极有可能因为本科期间未能重视某项能力的提升而不能达到招聘单位的岗位要求。

　　因此，笔者将大学生就业精准服务工作分阶段展开，在大学一年级学生职业迷茫期当好向导，大学二年级学生职业探索期做好引导，在大学三年级学生职业规划期精准指导，以打造学生适应社会和职业需要的核心竞争力为焦点，以帮助学生确立正确的人生观、价值观、择业观为基础，以培养学生创新能力和创业精神为目标，分阶段开展大学生就业精准服务工作。

　　（二）分类做好大学生就业精准服务

　　分类法是指按照事物的性质、特点、用途等某一特征或者某些特征为区分标准，将符合标准的事物归为一类或者一组，与不符合标准的进行区分的一种认识事物的方法。[①]

　　每个学生的成长环境、家庭教育、兴趣爱好、特长优势不同，对于所学专业的兴趣及毕业后的职业规划的方向有所不同。精准就业服务是在做好常规就业工作的同时，清楚认识不同学生之间的差异，根据学生个人的兴趣爱好和个性特点因材施教，鼓励学生结合自身情况，积极探索和尝试找寻自己的发展方向。

　　分类精准就业指导服务就是以人文本，以全员、全过程、全方位育人作为就业精准服务工作的指导思想，以促进学生更高质量就业为工作导向，通过分类指导、个性化指导，让在校大学生

---

　　① 李宁，陆岩，汪翠琴，等．分类法在高师院校就业指导工作中的运用——以生物类师范生为例［J］．当代教育实践与教学研究．2019（21）．

从踏入校园的那一刻开始，认识自我、了解专业、认识职业、锻炼职业技能、树立正确的就业观，离开学校的时候，能够实现高质量就业，成为社会需要的人才，尽情发挥人生价值。

一般来说，学生毕业后的毕业去向大致有三类：升学、就业和创业。图2-1是根据学生毕业去向制作的树状分类系统。

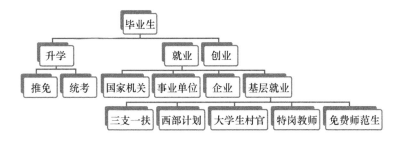

图2-1 大学毕业生就业去向

通过图2-1，区分选择考公务员、考事业单位、创业的学生，区分毕业后想从事本专业的学生和毕业后不想从事本专业的学生，区分有职业生涯规划的学生和暂无明确就业意向的学生。根据不同的就业意向和学生的个性特点，开展不同的就业精准服务工作。

实际工作中，分类系统是动态的，需要辅导员及时掌握毕业生就业动态，及时更新。此外，建立毕业生树状分类系统不是一时可以完成的，需要建立学校、院系、年级、班级、寝室五级就业服务网络，确保收集到的就业意向信息的准确性，同时将收集到的就业意向信息进行整理加工和有效利用，在深入了解毕业生的基础上，长时间逐步构建体系，这符合"因材施教"教育理念。

（三）分方向做好大学生就业精准服务

随着"95后"大学生陆续毕业，"00后"大学生步入校园，大学生的就业观念、个性特点、行为习惯等方面都已经发生了巨大变化。然而部分高校就业指导工作仍然采用传统的"大水漫灌式"指导，"精准滴灌式"的就业指导和服务严重不足。

部分"95后"毕业生缺乏合理认识和客观定位，实际就业往往与心理预期相差甚远，导致人岗需求难以匹配，少数学生有暂不就业、暂缓就业等"慢就业"的想法，"招工难"和"就业难"现象进一步加剧。

"精准就业服务"与劳动经济学领域中的"人职匹配理论"是一脉相承的。"人职匹配理论"由美国职业心理学家霍兰德指出，"人职匹配理论"认为，个体差异是普遍存在的，每一个个体都有自己的个性特征，而每一种职业由于其工作性质、环境、条件、方式的不同，对工作者的能力、知识、技能、性格、气质、心理素质等有不同的要求。个体进行职业决策时，就要根据一个人的个性特征来选择与之相对应的职业种类，即进行人职匹配。一个人能够获得理想的岗位和较高的收入，是其自身的个体特点和能力与岗位特征和要求高度匹配的结果。

有学者将"人职匹配理论"形象地称为"拉链模型"，其核心思想是人的性格类型、兴趣特点与职业选择密切相关。每个人都有自己独特的能力模式和人格特征，每个不同人格特征的人都可以通过一定的方式找到适合自己的职业和岗位。当个人的人格特征和兴趣特点与职业需求相符时，可以最大限度地调动其工作热情并激发无限潜力，工作满意度也会相应提高。这一理论说明满意度高的工作岗位，并非学历越高、能力越强就越容易获得，供需精确匹配才是关键。

就业服务精准化中的"精准"，是一种兼顾就业过程和就业结果的理念，既要求在就业服务过程中分方向进行精准指导，又要力求就业结果准确匹配。

分方向开展就业指导和精准服务，是社会分工日益细化、企业招聘要求更加细分、学生发展需求日益多元的结果，能够有效促进高校就业工作的规范化、有序化、集约化和科学化运作，不断提高高校就业服务工作的科学化水平。

（四）分情况做好大学生就业精准服务

"就业难"和"招聘难"长期并存的结构性矛盾也充分反映了供给侧出现了偏差，高校人才培养模式不能快速适应需求侧结构的变化。

高校"慢就业"群体中的人，有的是因为就业观念没有和时代的发展接轨，主动选择"慢就业"；有的是因为缺乏就业指导，找不到适合的工作；有的是因为家庭经济困难，不得已放弃求职面试的机会。归根结底，还是高校供给侧的问题。

为了有效应对"慢就业"现象愈演愈烈的趋势，高校要主动适应当前大学生的特点，依托就业服务平台，构建精准分类、精准指导、精准对接、精准宣传、精准帮扶"五位一体"就业工作体系，分情况做好大学生就业精准服务工作，逐步实现就业服务精准化。

高校要充分了解和掌握学生真实的择业心理和求职能力状况，通过精准指导，提高就业指导工作的针对性。高校要了解企业的用人需求和要求，第一时间获取企业的相关信息和招聘资讯，准备所掌握的学生的基本情况，把适合的学生推荐到适合的岗位，确保用人岗位和毕业生实现精准对接。高校要充分利用各种平台，宣传就业政策、就业形势，主动引导毕业生不盲目追求大城市、高薪水、高福利，把个人的发展融入国家战略布局，响应国家号召，主动去西部、去基层奉献青春和热血。高校要根据毕业生特点，对毕业生进行精准分类，根据不同群体的特点分类施策。高校要采取及时有效的措施，对就业困难群体实行精准帮扶。不仅注重"面"上的覆盖，还要注意"点"上的聚焦，不仅局限于在经济上的资助或就业信息的提供，还要兼顾不同类型帮扶对象的具体需求，提高就业帮扶的精准度。

第二节　引导学生进行职业生涯规划

就业工作是一项系统工程。为了做好大学生就业精准服务工作，我校将职业生涯规划与就业创业指导课程融入本科人才培养全过程，使大学生就业精准服务工作贯穿本科人才培养的全过程。在大学一年级开设了"职业生涯规划与就业指导"必修课程；在大学三年级开设了"就业创业指导"必修课程，由职业生涯规划与就业指导教研室、我校大学生就业指导服务办公室工作人员、专职辅导员为学生讲授职业规划和就业指导课程；在大学三年级由辅导员组织并指导学生开展职业生涯规划大赛、创新创业训赛、模拟招聘大赛等丰富多彩的实践活动，建立起以课堂教学为主渠道，讲座、论坛、培训为补充，以职业规划和就业指导活动为载体的多形式、全方位就业指导体系，从大学新生入校到大四学生毕业，持续做好大学生就业精准服务工作。

一、正确自我认知

金树人曾说："一个人若是看不到未来，就掌握不到现在。人为自己设定目标，带出希望，所有的行为将会凝聚在这个希望周围，活出意义来。"金树人的这句名言道出了职业生涯规划的意义。大学的学习不同于小学、中学的学习，大学所学的专业在一定程度上决定未来的职业选择、发展方向、发展线路、个人成就。因此，在大一新生入校后，要有意识地引导学生进行自我认知，认清自己的长处和短处，扬长避短，平衡好学业、工作和生活，通过专业实习不断地调整个人职业规划，为未来的就业和事业发展做好决策。

（一）自我认知的途径

1. 自我评价

找个安静的地方，认真回顾自己过去的经历，了解和分析自己的兴趣、气质、性格、能力等，将对自己生活有重要影响的关键事件进行分析，找出原因，思考未来，挖掘自己内心的需要。

2. 360 度评估法

360 度评估法又称为多渠道评估法，是指通过收集与受评者有密切关系的不同层面人员（如老师、家人、朋友、同学、社会人士等）的评估信息来全方位地评估受评者。

3. 职业测评法

职业测评法是指运用科学的方法，对被测者的职业兴趣、职业性格、职业能力、职业价值观等方面进行测量和评价，目的是达到最佳的人职匹配。

（二）自我认知的内容

1. 职业兴趣

职业兴趣是职业生涯选择的重要依据，职业兴趣使人对某种职业给予优先关注并心生向往。职业兴趣可以提高工作效率，给个人带来成就感。职业兴趣会直接影响职业稳定性、工作满意度。

美国芝加哥大学心理学教授米哈利花了 30 多年的时间对几百位各行各业的人进行访谈，研究是什么东西真正令人们感到幸福和满足。他发现，和人们通常想象的不同，不是在人们很放松、什么事也不做的时候，而是当人们专心致志地从事某种活动，甚至忘我地完全沉浸在这种活动中的时候，他们感到最为愉快和满足。对不同的人而言，幸福和满足可能是跳舞，可能是演奏乐器、绘画，也可能是阅读、写作或即兴演讲等。

2. 职业气质、性格

性格是指人们对现实和周围世界的态度，主要表现在对自己、对别人、对事物的态度和所采取的言行上。性格表现了一个人的品德，受人的价值观、人生观和世界观的影响，是在后天社会环境中形成的，性格有好坏之分，能直接反映一个人的道德风貌。

MBTI 职业性格测试是国际流行的职业人格评估工具，用于对个性的判断和分析，是一个理论模型。在纷繁复杂的个性特征中，MBTI 性格量表主要应用于职业规划、团队建设、人际交往、教育等方面。人的性格是一个很复杂的系统，个人根据 MBTI 测试对应得到的性格不可能完全概括一个人的真实状况。相应地，每个人所适合的职业也不可能完全套用表格来确定。

职业心理学研究表明，气质和性格影响着一个人对职业的适应性和工作效率。一般来说，外向型性格的人更适合与人打交道的职业，比如管理人员、记者、销售员、政治家等；内向型的人更适合有计划、稳定且与人接触较少的职业，比如会计师、统计员、资料管理员等。

3. 职业能力

能力是人们顺利实现某种活动的心理条件，它不仅包含了一个人现在已经达到的水平，而且包含了一个人所具有的潜力。能力按照其获得的方式（先天具有与后天培养），可以分为"能力倾向"和"技能"两大类。能力与个人的职业满意度、工作适应性以及职业稳定性具有直接关系。

4. 职业价值观

每个人都具有自己独特的价值观和价值体系。人的价值观一旦形成，便会相对稳定。但当自身条件和外界环境发生较大变化时，职业价值观也会随之改变。大多数人的职业价值观是具有阶段性的，特别是某一阶段的自身需求满足后，就会产生更高层次的需求。

（三）自我认知的案例

【案例1】

我叫陈笛，毕业后我想成为一名破产清算律师。

所谓"知己知彼，百战不殆。"我的职业规划的第一步就是了解自己的兴趣爱好、性格、能力、价值观等方面。同时还要了解自己工作舞台的特性，如破产清算律师的职业特征、内容、要求、所需能力等。

走在人生这条看不清远方的路上，我们只有认清了自己，才能随时调整自己的努力方向，才能破除迷雾到达成功的彼岸。为此，我借助职业测评工具，开始了对自己的探索旅途。

➤ **职业兴趣**

人生这条路上最幸福的事之一就是做一份自己喜欢的工作。兴趣是成功的老师，找到了兴趣所在，并对症下药，才能更好地给自己人生一个定位，增加工作的满意度，更好地发挥自身价值。

首先，我进行了"霍兰德职业兴趣测评"（图2-2）：

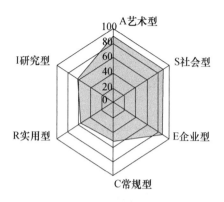

图 2 - 2　霍兰德职业兴趣测评

霍兰德职业兴趣测评显示我的职业兴趣是 ASE 型，即艺术型、社会型和企业型。整理分析测评的结果并结合我自身的实际情况后，我得出了以下结论：

1. 我所符合的艺术型（A）特征

有创造力，乐于创造新颖、与众不同的成果，渴望表现自己的个性，实现自身的价值。做事理想化，追求完美，具有一定的艺术才能和个性。善于表达、怀旧、心态较为复杂。我觉得创造力体现在我的律师工作中，是不拘于一定的定式，灵活运用自己会的东西去解决现在所面临的问题，并寻找与常规不同，更为便捷且适合自己的方法。而追求完美，善于表达，这些都是一个律师在工作中需要的特质。

2. 我所符合的社会型（S）特征

喜欢与人交往、不断结交新的朋友、善言谈、愿意教导别人。关心社会问题、渴望发挥自己的社会作用。寻求广泛的人际关系，比较看重社会义务和社会道德。作为一名律师，健谈与广交朋友自是基本的工作特征，看中社会义务和道德，更是一名优秀、正直的律师所应该具有的品性。

3. 我所符合的企业型（E）特征

追求权力、权威和物质财富，具有领导才能。喜欢竞争、敢冒风险、有野心、有抱负。为人务实，习惯以利益得失、权力、地位、金钱等来衡量做事的价值，做事有较强的目的性。这一结果和后文中的职业价值观测试有了交合的部分，个人成就感大于一切，运用自己的专业知识及个人能力获取较高经济报酬及社会地位的律师便符合这一特征。

➢ 职业性格

职业性格也是我在职业测试中的一个重要方面。为此，我进行了 MBTI 职业性格测试，测试结果见图 2 - 3。

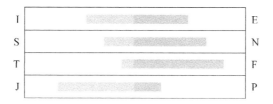

图 2 - 3　MBTI 职业性格测试

MBTI 职业性格测试的结果显示，我的职业性格是：外向＋直觉＋情感＋判断的类型。

（1）内心敏感、负责任。律师需要责任感，就像称职的老师对学生一样，律师对当事人要有高度责任感。对待当事人，无论事情大小，也无论是法律援助还是正常收费，都保持高度的敬业与尊重。会真正地关心他人的所想所愿，处理事情时也会尽量考虑别人的感情、需要、动机和忧虑，做到与他人高度协调。（这样的我当了律师，一定会与当事人相处和谐，交流融洽，并且真心实意地为他们维护合法的权益。）

（2）喜社交、受欢迎。

（3）对表扬和批评敏感能使我在律师这个竞争激烈的行业中，更加积极向上。

（4）喜欢帮助他人、给人以方便，鼓励他人进步向上，并使人发挥潜力。善于寻求并且能够发现他人的最大优点，激发他人的最佳状态。

（5）可能忽视逻辑思考和现实，需要注意培养洞察能力和情感。作为律师，洞察力和逻辑思考是不可缺少的能力，在这方面我还会继续加强。

➤ 职业能力

职业能力包括一个人的言语能力、数学能力、空间判断能力、观察细节能力、书写能力、运动协调能力、动手能力、社会交往能力和组织管理能力等。明确自己各方面能力的大小有助于进行自我探索，同时也是企事业单位招聘、选拔、培养各类人才的重要考察因素。图2-4是我的职业能力倾向测评结果。

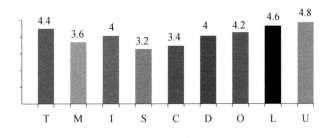

图2-4　职业能力倾向测评

T（言语能力）M（数学能力）I（空间判断能力）

S（观察细节能力）C（书写能力）D（运动协调能力）

O（动手能力）L（社会交往能力）U（组织管理能力）

职业能力倾向测评结果清晰地显示了我的组织管理、社会交往能力比较强。对于一名律师而言，较高的社会交往能力、语言能力是非常重要的；另外，破产清算律师不仅要具备较强的法律文书写作功底，还要精通会计等科目。因此，我的书写能力需要加以锻炼和提高，为我将来从事相关工作打下坚实的基础。我高中是一名理科生，且现在正在学校辅修会计，具备一定的金融会计方面的能力基础，正适合从事这一行业。当然，细节决定成败，在任何一项职业中，察觉细节的能力都是至关重要的，这一方面的能力当然也应该加以锻炼。

➤ 职业价值观

俗话说："人各有志。"这个"志"表现在职业选择上就是职业价值观。不同的人对于各种需求的关注程度是不同的，同样，不同的职业、不同的工作机会所提供的价值也是不同的。职业价值观决定了人们的职业期望，影响着人们对职业方向和职业目标的选择，决定着人们就业后的工作态度和劳动绩效水平，从而决定了人们的职业发展情况。因此，为了使我选择的职业能够满足我的心理需求，达到个人的需求和职业环境所能满足的需求的一致性，我进行了职业价值观的测评。

通过职业价值观量表的测验，我对我的 13 项职业价值观得分进行了统计，结果见图 2-5。

我在工作中，最重视的是：成就感、人际关系、经济报酬；我在工作中，较忽略的是：社会交际、追求新意、智力刺激。

对于律师来说，结交不同的社会人士，运用自己的专业知识攻克一个又一个案件，帮助一个又一个当事人，获取较高的薪酬和社会地位，这样的职业就是对这种价值观倾向的最佳诠释。

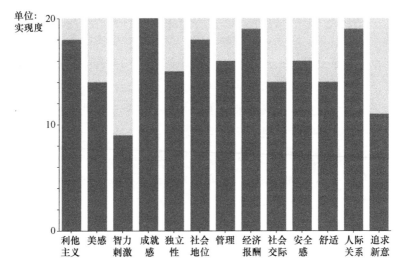

图 2-5 职业价值观测评

➤ 360 度评价

为了更全面地认识自己，我咨询了父母、亲戚、同学、朋友、老师的意见，让他们对我进行了评价。我获得了多角度的反馈，可以从中清楚地知道自己的不足、优点和发展需求。

从他们的反馈中可以看出，我是一个亲和、自觉、热爱生活、富有热情的人，这会让我在律师这个高压行业中更有韧性，女性的细腻以及天赋的语言表达能力对从事律师职业很有帮助。但同时，我应该多锻炼自己的独立能力，使自己变得更加干练豁达，自主要强。

二、积极探索职业

（一）职业的定义

职业是指参与社会分工，利用专门的知识和技能，为社会创造物质财富和精神财富，获取合理报酬，作为物质生活来源，并满足精神需求的工作。

（二）职业环境分析

职业环境分析是指需要认清所选职业在社会大环境中的发展状况、技术含量、社会地位，以及社会发展趋势对此职业的影响，包括职业发展趋势、职业内涵（社会分工、专门知识技能、创造财富方式、报酬水平、满足需求的程度）的发展变化的趋势等。职业环境分析包括：社会环境分析、行业环境分析、组织环境分析、岗位环境分析。

（三）职业认知的案例

【案例2】

我叫李坤汉，就读于隶属于五院四系的A大学，所学专业是法学，毕业后我想从事律师行业，我在正确认识自我的基础上，积极探索律师职业是否适合我。下面我将从社会环境、行业环境、组织环境、岗位环境等方面来认识我希望从事的职业。

1. 社会环境分析

据有关部门统计，2013年全国高校毕业生总数为699万人，被称为"史上最难就业季"，2014年全国高校毕业生总人数达到727万人，比被称为"史上最难就业季"的2013年再增加28万人，创下历史新高，被称为"更难就业季"。图2-6为2001—2014年全国高校毕业生人数统计。

2. 行业环境分析

法学是朝阳学科，从社会需求的长远角度来看，律师行业有很好的发展前景。目前中国的律师行业处在发展阶段，远未饱和，新的业务为新律师提供了良好的发展空间和机遇。

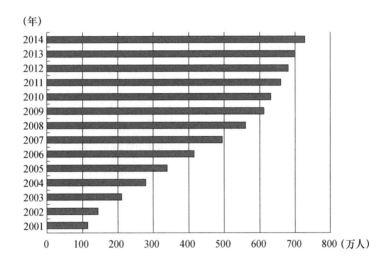

图 2 - 6　2001—2014 年全国高校毕业生人数

　　改革开放以来，我国律师事务所的数量呈现迅速增长态势：从 1980 年的法律顾问处发展到现在的律师事务所，在律师制度恢复 40 多年后的今天，律师行业承前启后，改革创新，律师事务所的专业化、规模化程度不断提高。在北京、上海、广东等经济发达地区，已经出现了一批专门或主要从事证券、金融、房地产等业务的专业律师事务所。法学专业整体薪酬水平，相比其他行业要高。拿律师来说，年平均收入在 10 万元左右。当然，律师事务所不同，资历深浅也直接关系到律师的收入。高的年薪能拿到 30 万元，低的可能年薪只有 1 万多元。从事特殊性质的案件，比如经济、金融、证券、房地产等涉外官司，收入较高。而婚姻、劳动法、知识产权等类型的案件，律师收费较低。但由于全国劳动法方面的专业律师数量较少，因此在天津市这个有庞大劳动力市场的城市，劳动保障方向的律师就显得尤为珍贵了。在天津市，专业的劳动保障方向律师还是可以拿到相对可观的年薪。并且由于劳动争议案件数量大，一名优秀的律师有更多的主动权。

3. 组织环境分析

该项分析包含企业实力、企业领导人、企业招聘要求及福利待遇、企业文化、企业制度等因素。经过考察和调研，我所选择的律师事务所在天津市非常有实力，企业文化适合我的性格、兴趣，管理模式和公司类似，不至于刚入行的几年基本生活无保障。

4. 岗位环境分析

律师是指依法取得律师执业证书，接受委托或者指定，为当事人提供法律服务的执业人员。按照工作性质划分，律师可分为专职律师与兼职律师；按照业务范围划分，律师可分为民事律师、刑事律师和行政律师；按照服务对象和工作身份，可分为社会律师、公司律师和公职律师。律师业务主要分为诉讼业务与非诉讼业务。律师职业的基本特征是：具备法律专业知识；以提供法律服务为职能；受国家保护和管理。而我的具体目标是劳动保障方向律师。帮助企业或雇员维护劳动法及劳动保护法等相关法律法规所规定的权利的律师。

三、职业生涯决策

"生涯决策"这个概念源自英国经济学家凯恩斯的理论，它是指一个人在选择目标或职业时，会使用使其获得最高的报酬，并将损失减至最低的策略。

（一）职业生涯决策的原则

职业生涯决策有三个原则：

第一，个人特质与职业环境相匹配的原则；

第二，脚踏实地与着眼未来相结合的原则；

第三，实现自我价值与服从社会需要相结合的原则。

（二）职业生涯决策的方法

1. SWOT 分析法

单纯确定个体的优势、劣势、外在机会、外在威胁中的各个具体因素，这只是 SWOT 的初步分析阶段，如果想要更科学地作出职业决策，则需要进行更进一步的 SWOT 分析，即给 SWOT 矩阵中每个维度的每一项因素配以权重，并根据权重进行定量分析。

2. 生涯平衡单法

帮助面对重大决策难题的决策者尽可能具体地从各个角度评价和分析可供选择的方案，预先对各方案实施以后可能带来的后果进行利弊得失的分析，还要对预期结果的可接受性进行检验，然后作出自己的决策。

（三）职业生涯决策案例

【案例 3】

我叫杨雅，古语有云："志不立，天下无可成之事。"美国诗人弗罗斯特在著名的《未选择的路》一诗中曾说："黄色的树林里分出两条路，可惜我不能同时去涉足。"诗人朝着一条路极目望去，却选了另一条荒草萋萋、人迹罕至的路，从此成了他一生的方向。在此，想必诗人也做出了一番衡量。而规划职业生涯的过程即如规划一次旅行，这条未来的路途岔口万千、一望无际，我们唯有洞悉自身优缺利弊，同时知晓前方路况几何，以此调准方向，脚踏实地，义无反顾，风雨兼程。在路上，遇见自己未来的模样。

在选择破产清算律师作为我的最终职业目标之前，基于我所学的法学专业和家人对我期望，起初我给自己确立了两个目标职业，一个是检察官，一个是律师。前者较为稳定，后者充满未知。

在完成自我认知、职业认知后，我根据自己的实际情况进行职业生涯决策，表2-1是我的职业生涯决策因素分析。

表2-1 职业生涯 SWOT 分析

自身的优势	自身的劣势
1. 法律专业本科，专业知识及职业资格具备 2. 有会计知识基础 3. 与职业测评结果相匹配 4. 能找到同类职业的导师教导	1. 实践工作经验不足 2. 个人情感丰富，富有同情心可能无法承受律师执业的压力
周围职业环境的机会	周围职业环境的威胁
1. 发展前景十分广阔 2. 此方向的律师较少 3. 薪酬待遇优厚，社会地位较高	1. 工作压力大 2. 入行门槛高

经过分析，我决定要成为一名破产清算方向的律师。

四、职业生涯规划

职业生涯规划是指按人生发展阶段的不同，自行设计的、适合自己各阶段发展的、带有个性化色彩的个人职业生涯的中长期发展计划。

（一）职业生涯规划的原则

1. 具体化原则

具体化原则是指目标必须是具体的，不能是抽象模糊的。具体包括：职业生涯设计的自我评估具体化、环境评估的具体化、职业生涯设计实施方案的具体化。

2. 可量化原则

可量化是指可衡量、可测量，尤其针对结果有一定的评定标准。而量化要求有理性的数据和数字，拒绝"大概""差不多""快了"之类的模糊修辞语。

3. 可达到原则

可达到原则主要包括目标的现实性、计划的可行性和效果的可检查性三个方面。

4. 相关性原则

拟定职业生涯规划前，不仅要对个体的内在素质，比如知识结构、能力倾向、性格特征、职业喜好等进行全面的测评，而且要对个体外部的职业环境和职业发展的资源等进行系统的评估。既考虑个体的职业发展动机，又考察其成功的可能性，从而为个体设定相应的职业发展目标和具体的发展规划。实施职业生涯规划时必须考虑整个职业生涯发展的历程，同时要将职业生涯规划实施当成一个系统的工程，纳入组织的发展战略之中。

5. 时限性原则

时限性指的是目标必须具有明确的截止期限。设定的职业规划目标，要规定在什么时间内达成。职业生涯规划设计的阶段性时限主要划分为短期规划、中期规划和长期规划。

（二）职业生涯规划案例

【案例4】

我叫刘雅婷，我希望成为一名破产清算律师，下面是我的计划实施与路径：

整体规划（Overall Plan）

1. 职业准备期（2015—2019年）

（1）成功通过国家法律职业资格考试，取得律师职业资格证书；

（2）考取北京地区的研究生（如能力不够，则考四川大学，四川大学录取分数相较于北京地区的高校低，考研成功的概率更大）；

（3）研究生学习期间，考取注册会计师证书；

（4）争取在研究生学习期间在律师事务所挂职，积累实践经验，拓展人脉，提高业务能力。

2. 职业前期（2020—2024年）

先在法院或检察院找到工作，熟悉各个部门的工作和人脉。

3. 职业中期（2025—2030年）

就职于一家较好的律师事务所，不断积累实践经验；

孝顺父母，用自己工作赚的钱减少他们的经济负担，赡养父母；

遇见合适的人就结婚，两人一起努力。

4. 职业巅峰期（2030—2035年）

在自己的圈子和行业里有一定的名声，经营好自己的家庭。

5. 职业后期（2036—2055年）

退休之后开一间书吧或小店，卖自己手工制作的工艺品，读自己喜欢的书。

针对性计划（Specific Training）

1. 实践经验的积累

在假期去不同的部门体验不同的法律职业，并借此积累大量实践经验。

2. 会计基础的巩固

即使辅修结束也不能马上丢掉会计的学习，要在本科结束后努力考取注册会计师。

3. 英语能力的提高

每天坚持学习英语。

现阶段具体计划（Stage Plan）

大学二年级加强英语学习，通过自身努力，争取通过大学英语六级考试，多看课外读物增强自我修养。大学三年级做考研的计划及初步准备，为通过国家统一法律职业资格考试打好基础。大学四年级通过国家统一法律职业资格考试与全国硕士研究生统一招生考试，如果全国硕士研究生统一招生考试失利，准备在成都找工作。

第三节 帮助学生做好升学/求职准备

一、获取就业信息

高校毕业生就业过程中，获取就业信息是不可或缺的重要环节。毕业生选择就业方向后，可有针对性地获取相应就业信息，为未来就业成功打下基础。

高校毕业生寻找就业信息过程中呈消极状态，可能会漏掉报名与考试时间、招聘方式等重要信息，导致失去机会，甚至错过最佳求职时间窗口。高校毕业生可以积极利用网络媒介、校园招聘、社会资源等途径获取就业信息，直至顺利就业。①

在就业信息获取渠道上，部分学生获取信息的渠道过于单一，主要依赖学校就业指导中心和辅导员发布的就业信息。在获取就业信息的过程中，仍存在等、靠、要等思想，获取就业信息的主动性不够，这些都可能在无形中减少个体的就业选择。学生要顺利实现就业，必须积极主动地去获取就业信息，应当收藏常见的求职网站，如应届生求职网、梧桐果校园招聘网等，也可以关注意向就业地所在省份排名比较靠前的大学的就业指导中心就业信息网，这些网站每天都会发布大量高质量的就业信息，发布的招聘信息也相对安全和可靠。

随着智能手机的普遍使用，求职的学生可以关注央企招聘信息网、国企招聘、校招日历、求职汇等微信公众号，也可以多了解所学专业相关行业运营得比较好的、发布行业内就业信息的微信公众号，多渠道获取就业信息。

毕业生求职的态度决定一切，当学生主动积极地走上求职之路，并主动去寻找就业机会，就业工作已经成功了一半，因为这类努力找工作的学生即使失败几次，但往往最终都能找到工作。最怕的是明明就业竞争力不强，却对就业不上心的学生。对这类学生，学校、家长拼命施压也无济于事，往往让人头疼不已，是就业工作的难点。

当学生除去学校就业指导中心发布的就业信息，有主动获取就业信息的意识后，下一步的重点工作就是提升学生的求职技能，

———————————

① 李双阳.浅析高校毕业生就业信息的获取［J］.商情，2021（50）.

帮助学生通过制作个人简历获取面试的机会，并且成功通过求职或者升学路上的各种面试。

二、制作个人简历

简历是获取面试机会的第一道门槛，简历是给招聘者的第一印象，能帮助求职者打开求职之门，所以许多人把简历形象地称为求职中的"敲门砖"。简历在学生的升学中也非常重要，导师可以通过简历了解报考者大学四年的经历，从而判断报考者是否符合研究生招生要求，决定是否同意报考者攻读硕士学位。

图 2-7 简历培训讲座现场

（一）简历的重要作用

1. 根据求职者过去的经历来判断是否人岗匹配

通过简历能了解求职者过去的行为习惯，尤其是通过对典型行为的分析和判断分析求职者是否适合招聘的岗位。

2. 简历能够预测求职者将来的发展情况

通过简历能初步预测求职者未来的发展情况，从而判断求职者未来能否给用人单位带来效益。

（二）简历的制作技巧

1. 岗位的匹配度

岗位匹配度表现求职者的职业化程度。HR 并不想了解你到底完成过多少任务，而是想通过简历了解求职者是否具备应聘岗位要求的各项能力，在校期间的实践经历最好按照 STAR 法则撰写，实践经历后的收获要用数字量化，体现在这段经历中的成长，让面试官从中获取体现个人能力的有用信息。

2. 求职目标放在简历的醒目位置

求职目标非常重要，就像一篇文章必须有中心思想一样，一定要根据个人情况选择适合的岗位。

3. 选择简历版式

简历排版要疏密有致，有设计感、有呼吸感。假设选择分栏的版式，左侧放个人信息，右侧放个人经历，显得简洁大方，通常可以给面试官较好的观感。

4. 根据应聘岗位要求不断修改简历

千万不能一份简历走遍天下，要根据招聘岗位的实际情况和招聘要求去不断地润色个人简历，及时调整简历的重点、难点。比如升学和求职的简历，因为选择的目标不同，简历的要求和突出的重点均有所不同。

图 2-8　面向律师方向求职的学生进行简历培训

（三）简历指导案例

【案例 5】

聂同学，湖南汨罗人，中共党员，法学专业，A 大学 D 学院①民事诉讼法学专业硕士研究生。该同学家庭经济困难，父亲因车祸失去劳动能力，母亲靠务农供其完成大学学业，家庭经济负担重，本科就读期间靠兼职的工资和国家助学金完成学业。本科在校期间表现优秀，每学期都获得综合奖学金，担任班长一职四年，圆满完成各项学生工作任务，能力突出。聂同学的职业规划非常清晰，在毕业时选择考研，希望在考研的同时一次性通过国家法律职业资格考试，硕士研究生毕业后成为一名律师。

2020 年 2 月底，考研初试成绩公布，聂同学进入复试，受新冠肺炎疫情的影响，2020 年 A 大学研究生复试笔试更改为在复试系统

---

①　本书中的"A 大学 D 学院"没有特殊说明的，均指西南政法大学行政法学院。

提交攻读硕士学位计划书、个人简历。虽然聂同学初试告捷，但复试仍然不能马虎大意，简历是考研复试的重要一环，笔者先后三次帮助聂同学修改简历，重点帮助她突出本科四年的学术积累，向面试官证明她具有学术潜力，适合继续深造。通过指导，聂同学的简历有了较大的变化，以下是指导前后的简历对比：

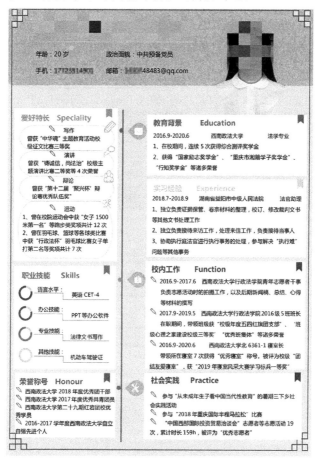

图2-9 聂同学自行制作的简历

简历点评：

（1）简历版式过于花哨、整体呈现出可爱风，不符合研究生复试的要求；

（2）简历内容多为堆砌在校期间活动奖项，难以突出重点；

（3）简历偏虚，多为空话套话，缺乏实际数据支撑，欠缺条理性。

图 2 - 10　经升学简历指导后聂同学制作的简历

简历点评：

（1）整体色调选择蓝色，给人认真、严谨的印象，符合研究生复试的要求；

（2）运用 STAR 法则，以数字化的形式表达个人经历，突出重点；

（3）重点突出自己的科研能力和写作水平，契合研究生复试的考察点。

【案例 6】

王同学，重庆垫江人，A 大学法学专业本科毕业生，现就职于重庆某人力资源管理有限公司，被派驻中国人民银行重庆市分行工作。该同学家庭经济困难，父亲早逝，母亲独自一人将他和姐姐抚养长大，家庭经济负担重，本科就读期间靠姐姐打工的工资和国家助学金得以完成学业。

王同学的求职之路并不顺利，因为不知道如何通过简历展示自己的优势，不知道如何根据招聘岗位的要求修改自己的简历，所以王同学投出去的多份简历都石沉大海。他很苦恼，又不知道问题出在哪里。

简历是敲门砖，敲不开面试的门，一切努力注定是徒劳无功的。针对王同学的问题，就业精准指导的第一步是帮助王同学重点打磨他的简历，讲解制作简历的重点、难点，指导王同学紧紧围绕所应聘的岗位进行简历的撰写，展示个人优势和能力，做到人职匹配，通过简历把自己"推销"出去，让 HR 看懂简历背后积累的经验和技能。通过三次指导，王同学的简历有了较大的变化，以下是指导前后的简历对比。

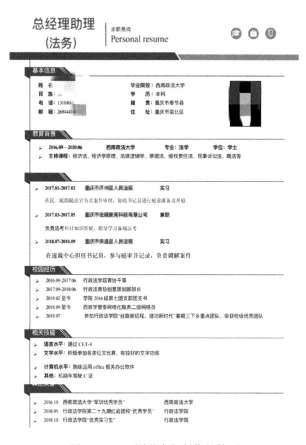

图 2-11 王同学自行制作的简历

简历点评：

（1）没有针对岗位进行人职匹配的定制化简历设计，篇幅过少，留空较多，容易给面试官留下不够用心的印象；

（2）实践经历简单罗列，未能体现个人从经历中得到的锻炼；

（3）缺少个人特色，从中无法看出该面试者在大学中的成长与对职业的探索。

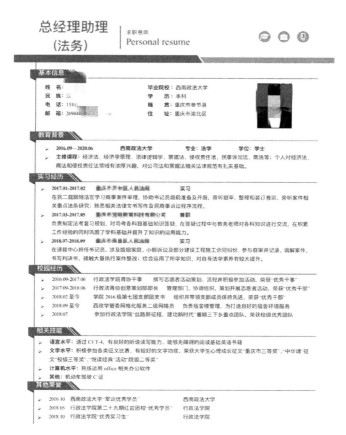

图 2 – 12 经求职简历指导两次后王同学制作的简历

简历点评：

（1）求职目标清晰，针对岗位进行人职匹配的定制化简历设计，重点体现职业需要的经历。

（2）实践经历按照 STAR 法则展现了自己的成长，结果需要量化，需进改进。

（3）简历排版疏密有致，荣誉奖励体现了大学期间主动学习、多元发展的积极风貌，给人留下积极进取的印象。

三、提升面试技能

(一)将就业类课程纳入人才培养方案

就业工作是一项系统工程,为做好大学生就业精准服务工作,我校将职业生涯规划与就业创业指导课程融入本科人才培养全过程,大学生就业精准服务工作贯穿本科人才培养的全过程。在大学一年级开设了"职业生涯规划"选修课程,在大学二年级开设了"就业创业指导"必修课程,由专职辅导员为学生讲授职业规划和就业指导课程。

(二)开展丰富多彩的实践活动

在大学三年级学校会组织并指导学生开展职业生涯规划大赛、创新创业训练营、模拟招聘大赛等,建立起以课堂教学为主渠道,讲座、论坛、培训为补充,以职业规划和就业指导活动为载体的多形式全方位就业指导体系。例如,A大学D学院2020届本科毕业生从进入毕业季到毕业离校,学院、年级共计开展企业求职培训14场、公务员考试培训6场、事业单位面试培训4场,通过培训进一步提升了学生的求职技巧,学生反馈培训效果好,尤其是企业求职培训助力部分学生成功签约各类企业。

(三)面试指导案例

【案例7】

1. 学生基本情况

武同学,甘肃兰州人,家庭经济困难,自认"学渣"一枚,大学英语四级考试没过,国家法律职业资格考试也没有通过,平时参加活动较少,成绩一般。大四的时候,当其他同学已经四处奔波找工作或者努力复习公务员考试、硕士研究生笔试的时候，他还在被窝里做白日梦或者在电脑桌前打游戏。笔者多次打电话要求其去参加来校招聘单位的面试，经过侧面了解，他基本没去。2016 年 3 月，笔者主动找他谈话，了解其想法，在交谈的过程中，笔者发现武同学想去找工作，却感觉无从下手，加之个人有点懒散，缺乏行动力，基本没参加过招聘。针对上述情况，首先，笔者要求他抓紧时间购买正装，学院将通过求职补贴的形式报销正装费用，减轻其经济负担；其次，推荐其参加年级的"就业训练营"，提升就业技能；最后，要求其参加年级的"模拟面试"活动，提升面试能力。2016 年 5 月，经过多次尝试，武同学终于得到一份满意的工作。

2. 面试指导情况

根据学生的性格、在校表现和家庭情况，年级希望通过面试指导活动帮助他提升就业技能，增强面试能力，在毕业之前找到一份满意的工作。在对武同学进行就业帮扶工作的过程中，笔者的经验主要有两点：

第一，通过就业技能培训帮助学生树立求职自信。武同学在求职的过程害怕碰壁，害怕被拒绝，经过系统的培训，其对找工作有了一个大致的方向和概念，再通过分组进行模拟面试，变得自信起来，发现找工作并没有想象中那么难，自信心提升。

以下是武同学给笔者的反馈："我自认"学渣"一枚，我的英语四级没有过，国家法律职业资格考试没有通过，以我当时的那种生活状态，不难预见毕业后我将成为父母身上的寄生虫，待在家里面，一事无成，然后自怨自艾。到了大四下学期开学，我觉得压力来了，我想去找工作了，却不知道该怎么做。在年级为期一周的就业技能培训中，老师从简历制作到面试技巧进行了详细的讲解，经过这次培训，我算是对找工作有了一个大致的方向和概念。简历是块敲门砖，制作一份好的简历是打败求职对手的第一步。如果觉得拿得出手的荣誉经历实在太少，可以多写一些社团经历或者团队荣誉。"

　　第二，通过模拟面试帮助学生掌握面试技巧。武同学在求职的过程中缺乏面试技巧，多次被拒绝。针对这一点，年级通过整理各大企业历年的面试真题对武同学进行一对一模拟面试。刚开始模拟时，武同学不可避免地出现怯场、表达逻辑不清晰等情况，在模拟次数增多后可以明显看到其表现越来越好，面对提问更加沉稳，能够清晰、有条理地表达看法。经过模拟面试后，武同学逐渐掌握了面试技巧，面试能力提升很快。

图 2 - 13　武同学正在进行模拟面试之"无领导小组"讨论

　　以下是武同学给笔者的反馈："其实面试就是一个经验积累的过程，可能前期会碰壁，但是只要持之以恒，当经验达到一定程度时，好的工作就会一个接一个地到来了。首先，平时多收集和准备一些面试题，然后用自己的话表达出来，当面试的时候，会发现有好多面试题都是大同小异的，比如，对应聘的职位的看法、职业规划、优缺点等，所以准备的答案是可以灵活运用的，多准备一些面试题目绝对'事半功倍'。其次，面试的时候要有针对性，要根据你所应聘的职位回答面试官的提问，比如面试的是政府事务方向的管培生，要重点突出沟通能力，我在面试时主要和面试官聊摆地摊时和城管打交道的经历。最后，面试的时候需要化被动为主动，不要面试官问什么答什么，可以适当地引导面试官的问题。善用求职小技巧，让面试官问你准备好的问题，有准备之仗的效果肯定最好。"

3. 学生毕业后发展情况追踪

2016 年 7 月，武同学毕业后进入中国中药控股有限公司工作。2019 年 4 月，武同学调入中国中药控股某下属子公司，担任总经理办公室主任，负责公司行政后勤、法律事务以及协助总经理处理政府事务工作。经过几年工作的锻炼，其在待人接物、处理问题方面都取得了长足的进步！

第三章

分阶段做好大学生
就业精准服务

大学生就业服务工作要做到"精准"，需要对每个毕业生的个人基本情况、家庭情况、性格、兴趣爱好、社会实践经历了然于心，这样才能有的放矢，有针对性地为毕业生量身定制个性化就业服务。高校开展就业服务指导应该贯穿整个大学阶段，必须树立全程的服务意识，针对大学生不同时期身体和心理发展的特点，提供分阶段的就业服务。

第一节　职业迷茫期当好向导

大学一年级，有意识地对每个学生的情况进行了解、记录、总结，并且将本科四年时间分为不同阶段，在不同时间节点针对大学生就业工作开展不同的指导内容。

一、建立"一生一档"，全面掌握学生成长情况

本阶段的就业服务工作的重心绝对不是迅速提高学生的各项素质，而是应该帮助学生认识自我、认识专业，认识职业、了解职业，认识社会、了解社会展开，应当帮助学生明确自身优势，正确自我认知，消除迷茫与恐惧，为将来职业决策做好准备，为后续的就业精准服务工作打下坚实的基础。本科新生入学，辅导员就业工作的大幕徐徐拉开。大学一年级为学生建立"一生一档"成长手册，该成长手册所记录的内容应当准确且详细，内容包括：第一，学生四年的学业情况，包括奖惩记录；第二，学生四年的社会实践情况，包括实习经历、学生干部经历等，以便分析其实务能力、组织协调及工作能力；第三，与学生的谈心谈话记录，以便及时掌握学生思想动态，分析思想变化；第四，记录日常发现的优缺点。辅导员可通过"一生一档"成长手册详细地知晓学生的就业需求点、就业竞争力以及就业短板，还可以根据"一生一档"成长手册的内容，了解不同毕业生的情况，为其提供个性化的就业咨询服务，为毕业生精准推送就业岗位，确保用人单位岗位需求与毕业生的求职意愿能够实现精准对接。

二、开展"悦读经典"特色活动，培养学生对专业的兴趣

新生入学后，我校为每个本科生班级配备一名专业教师作为本科生导师，为学生的专业学习、职业规划、校园生活提供指导和帮助。每届学生入学后，笔者所在的学院即选聘有自主意愿的青年教师作为陪伴学生四年成熟成长的本科生导师。在辅导员开展的日常思想政治教育工作之外，固定的本科生导师为学生介绍大学生活的基本构成，提出适应大学生活的建议，讲解法学课程的学习方法，强调课外阅读的重要性并传授阅读技巧、推荐阅读书籍，帮助他们更快融入大学生活，迅速进入学习状态，培养对专业的兴趣。

为充分发挥本科生导师的专业优势，促进教、学、研协同创新，学院依托本科生导师制度打造"悦读经典"读书会品牌活动。这项活动从 2013 年开始，至今已经实施九年，并不断规范完善，已逐渐成为学院学风建设的亮点。

"悦读经典"读书会首先由本科生导师推荐书目，采取导读型或全书讲解型的多样化读书方式，开展班级集体阅读。

其次，同学们在充分阅读的基础上自由讨论并且选取其中一本推荐书目中的作品撰写读书笔记，由本科生导师评阅并提出修改意见和建议。最后，由本科生导师遴选优秀作品并评奖，学院将优秀作品汇编成册，集结刊印，再遴选 25 万字左右的优秀论文公开出版。

目前《悦读经典》（第 1 卷）已经由中国法制出版社公开出版，《悦读经典法思漫步》（第 2 卷）已经由上海人民出版社公开出版。

图 3 - 1　"悦读经典"读书会活动现场

图 3 - 2　悦读经典出版信息宣传画

　　"悦读经典"读书会由本科生导师具体推进、辅导员协助配合，学生全员参与。"悦读经典"读书会活动作为学生第一课堂的有效补充，不仅传授学生阅读和写作的技巧还引导他们从中得到乐趣。活动的逐步开展真实地培养了学生自主学习和思考的能力，激发了他们专业学习的兴趣和专业论文写作潜能。

学院"悦读经典"读书会活动至今已经实施九年，形成了可视化的教学、科研成果，每册读书笔记的刊行在学生中都引起热烈反响，它是本科生导师与学生教、研、学过程中共同成长的点滴结晶，也是青年教师引导本科学生探索学术道路的可喜成果。

本科生导师通过和学生的密切接触，在学生群体中发现有学术潜力的同学，对他们进行专门引导和培养，鼓励其在本科阶段进行学术尝试，基于长期观察，发现这样的引导效果显著。在2014 年度、2015 年度学生校级科研创新项目申报中，学院学生成功立项数据连续名列第一，在 2016 年度学生校级科研创新项目申报中，我院学生成功立项 77 个，占全校成功立项的 20.69%。

第二节　职业探索期做好引导

经过大学一年级专业知识的学习，学生们对所学专业已经较为熟悉。但是此时大部分学生仅是为了修学分、通过期末考试而学习，并未对专业知识深入钻研，也来发现自己感兴趣的专业方向。与此同时，绝大部分学生对未来的就业方向是模糊的，从未考虑过将来就业的问题。因此，大学二年级辅导员就业精准服务工作的重心主要围绕专业兴趣培养展开。

一、组建"学习兴趣小组"

在这一阶段中，笔者经常鼓励学生在专业课程学习之外，利用课余时间积极参加科研项目的申报，为后续升学打下坚实的基础。

这个阶段是培养学生专业兴趣的关键阶段，笔者所带的年级通过组建"学习兴趣小组"，帮助学生了解专业人才培养目标，慢慢摸索出自己感兴趣的专业方向，明确自己未来可能会从事哪些与专业相关的职业以及这些职业所要求的核心竞争力，从而合理规划四年的专业学习和社会实践，以期在毕业时达到目标职业所要求应聘者具备的各项专业技能和综合能力。

图3-3　"学习兴趣小组"启动仪式

学习兴趣小组首先由对学术科研有浓厚兴趣的学生自主组建而成，每个小组3—5人，自主确定研究对象，以课题名称的形式上报年级，年级提供1000元的活动经费作为小组调研和活动的经费，小组的课题成果顺利通过结题验收后，依据小组实际产生的费用据实报销。学习兴趣小组组建的目的在于为大学生创新创业训练项目、学生科研创新项目提供前期准备。

图 3 - 4 "结构化面试的优点与改良发展空间"学习兴趣小组讨论

图 3 - 5 学习兴趣小组结题汇报会结束后合影

二、参与学习兴趣小组的学生后续发展追踪

【案例 8】

1. 学生基本情况

张同学，重庆市南川区人，A 大学 D 学院 2020 届法学专业本

科毕业生，考入 H 大学 C 学院刑法学专业硕士研究生。该同学在校期间学业成绩处于中等偏上水平，担任年级纪检总班长四年，工作认真负责，圆满完成纪检相关的各类查课、查寝工作。在本科期间通过参加"悦读经典"读书活动、学习兴趣小组等学术活动，加入笔者所主持的《"微时代"大学生思想政治教育导向研究》课题的研究，逐渐对学术产生了浓厚的兴趣。该同学本科期间先后参与省部级课题 2 项，主持校级课题 2 项，院级课题 2 项，在《重庆电子工程职业学院学报》《竞争政策研究》等刊物上公开发布论文 3 篇，荣获 A 大学科技学术创新先进个人、科研成果奖等荣誉称号。

图 3 - 6　学生本科期间科研成果

2. 学生参与学习兴趣小组的情况

2017 年 7 月，笔者以《"微时代"大学生思想政治教育导向研究》为题，申报学校学生思想政治教育研究项目，成功立项。第一次开展课题的研究，笔者也是摸着石头过河，笔者邀请了六位学生干部加入到课题的研究中，张同学就是其中一位同学，不曾想，这个无心之举竟然在张同学的心中种下了学术梦想的种子。为了顺利完成结题，我们经常利用下班时间在办公室、食堂、校园内讨论课题的结题思路，从写作提纲的讨论、文稿动笔、文稿的修改，几易其稿，终于顺利结题。张同学毕业后曾给笔者说："虽然当时您带着我做的是和大学生思想政治教育相关的课题，与所学的专业几乎不沾边，但感谢您邀请我加入到课题中，从那时开始，我发现原来那些高大上的科研项目申报只是纸老虎，并不想象中那么难，当我独著的论文顺利发表，看着自己的文字变成铅字，数据库有我的名字和文稿全文的那一刻，我内心的成就感油然而生，激动的心情溢于言表，我因此还获得了当年学院的科研成果奖励，收获了许多赞赏和荣誉，这是我在学术道路上的第一份奖励，也让我第一次萌生了读研、读博的念头。"

2018 年 3 月，年级决定启动"学习兴趣小组"，为大学三年级学生申报大学生创新创业训练项目、学生科研创新项目提供前期支撑。张同学主动报名，并担任"刑法中共同过失正犯的研究"小组的组长，为了顺利完成研究任务，张同学主动联系教授刑法学专业课程的胡老师担任小组的指导老师，胡老师要求小组成员必须静下心来认真阅读文章，当有了收获和体悟后，再动笔写，不要为了写而写，做学术应该是一件纯粹的事情，一旦掺杂功利主义的成分，为了结题而写的东西，必然会陷入一叶障目的壁垒。张同学带领他的小组成员，一起探讨选题和写作结构框架，在经过精心打磨和论证之后，形成了初稿，经过反复多次修改之后，形成了终稿，顺利通过了结题验收。

学习兴趣小组活动结束后，张同学对刑法学专业萌生了浓厚的兴趣，并积极尝试申报各类与所学专业相关的课题，最终顺利

图 3 - 7　张同学和小组成员正在进行课题的研究和讨论

图 3 - 8　张同学进行小组研究成果的汇报

考上实名大学实名学院刑法学专业硕士研究生，继续在刑法学方向的学术之路。

3. 学生后续发展情况追踪

研究生就读期间，张同学的学习和生活更加充实，公开发表学术论文 2 篇,先后主持省部级课题 6 项,参研省部级课题 2 项。2021 年以 K 省人民检察院实习生身份全程参与《K 省关于落实密切接触未成年人单位工作人员从业查询制度的工作衔接机制》的起草和起草说明的撰写工作。2021 年 10 月,K 省人民检察院、省教育厅、省公安厅、省民政厅等九部门联合会签并向全省发布了该文件。

张同学说:"繁华都市物质越丰富,诱惑也就越多,人心也就越浮躁,如果不能够潜心研学,而以功利主义对待学术,那么将很难踏入学术的殿堂。同时也不要把学术想成是高大上或者遥不可及的东西,抱着平常心和探索欲,投身于学术科研工作,从简单的基础工作一步一个脚印做起,不要觉得打印文献阅读很麻烦,也不要放弃深挖一些细微的点,也不要觉得投稿被拒绝是对自己能力的否定,总有一天,你会发现学术也是那么平易近人。只有将学术当成一件简单纯粹的事情来看待,你才会收获更多的快乐!"

研究生就读期间,张同学因在科研学术方面表现突出,先后荣获国家奖学金、一等学业奖学金,目前正在备战博士研究生入学考试,愿他美梦成真,在学术的这条路上越走越远。

三、开展案例分析大赛

专业知识与能力提升是高校人才培养的重要目标,是大学生获得工作尤其是在求职中获得面试机会、在职场中维持核心竞争力的重要能力要素。①

---

① 张太富. 大学生就业能力研究——以西南财经大学为例 [M]. 成都:西南财经大学出版社,2019:79.

　　大学二年级的学生在生理上和心理上相比大学一年级的学生都更加成熟，经过一年的专业学习，对专业知识的理解以及专业前景都有更深的体会，一部分学生更是自主进行了实习工作，此时大二学生亟待解决的是意识觉醒问题。本阶段的就业指导工作应在"共性与个性相协调"原则的指导下，侧重强化学生对专业知识的掌握，提升学生运用专业知识解决实际问题的能力，帮助学生及时意识觉醒，引导学生围绕职业决策时选定的具体某个职业有针对性地塑造和完善自我，提高就业核心竞争力。

　　在大学二年级的这个阶段，学院要求学生全员参加辩论赛或者案例分析大赛活动，让学生进一步了解自身专业并培养其对专业的兴趣，从中发掘自身感兴趣的研究方向或者就业领域，为今后就业明确择业方向打下基础。

　　在四川的方言中，人们常常形象地用六个字归纳法学专业毕业生最需要练就的两项技能："笔杆子"和"嘴皮子"。"笔杆子"和"嘴皮子"是对法学毕业生表达能力的形象代指，"笔杆子"对应书面表达能力，"嘴皮子"对应口头表达能力。

　　"笔杆子"所对应的书面表达能力要求法学专业毕业生需要练就过硬的写作基本功，能运用所学的专业知识将生活中人与人之间产生的各种关系对应为具体的法律关系，并运用法言法语进行释法说理，最终形成严谨的法律文书。

　　"嘴皮子"所对应的口头表达能力要求法学专业毕业生在认真听取当事人阐述的基本事实的基础上，通过逻辑归纳综合，结合所学的法学专业知识，用流利的口头语言来阐述自己的思想、观点和情感，以达到与人交流沟通、解决具体法律问题的目的。

　　在人才培养的过程中，学院一直注重学生"笔杆子"和"嘴皮子"这两项重要的技能。从 2003 年成立至今，学院逐渐形成了学生全员参与辩论比赛的传统,从"静升杯"辩论赛到"聚兴杯"辩论赛再到"瑞月永华杯"案例分析大赛,虽然比赛的形式和比赛的赞助方一直在不断更换,但是全员参与论辩活动活动理念、培养学生书面表达能力和口头表达能力的初心从未改变。

"静升杯"辩论赛到"聚兴杯"辩论赛以学生寝室为单位参赛,经过层层选拔产生获奖队伍,非常有效地培养了学生的口头表达能力和逻辑思维能力。

图 3 – 9　"聚兴杯"辩论赛比赛现场

图 3 – 10　"聚兴杯"决赛暨颁奖现场

法学毕业生在实际的工作中，不仅强调口头表达能力，还需要与专业知识相结合，以事实为依据，以法律为准绳进行释法说理。为了更好地与学生所学的专业相结合，2017年5月，学院对辩论赛的赛制进行了重大调整，把传统辩论赛的比赛模式调整为法律文书大赛和模拟法庭辩论赛的模式，启动第一届案例分析大赛。

案例分析大赛将比赛的第二课堂与"行政法学与行政诉讼法学"课程第一课堂紧密结合，用生活中真实发生的案件作为学生法律文书写作大赛和模拟法庭辩论赛的案例。专业课教师受邀加入案例分析大赛，结合"行政法学与行政诉讼法学"的课程教学，指导学生进行起诉状、答辩状等法律文书的写作，指导学生参加模拟法庭辩论赛的举证质证和法庭辩论。模拟法庭辩论赛由重庆市下辖的基层人民法院、重庆市下辖的中级人民法院和重庆市高级人民法院的员额法官担任合议庭成员，并邀请知名学者、

图3-11　"瑞月永华杯"第一届案例分析大赛比赛现场

实务专家、律师事务所合伙人担任比赛评委，案例分析大赛尽可能最大程度地还原真实的审判现场。

案例分析大赛目前已连续举办五届，在学生中引起了强烈的反响，该活动贯彻教、研、学三位一体的人才培养理念，与法学专业的人才培养紧密结合，旨在引导学生关注法律事务，提高用法学理论解决实际问题的能力，提高法学学生的就业核心竞争力。

第三节　职业规划期精准指导

大学三年级的学生经过专业知识的学习和系统训练，逐渐摸索出感兴趣的专业方向，对专业的发展前景也有更深入的了解，已经对就业方向有了大致定位。因此，大学三年级辅导员就业精准服务工作主要聚焦学生就业能力的提升，涉及求职与生涯规划能力、可迁移能力、自我管理能力这三个方面。

这个阶段，学生已经进入就业准备阶段，开始进行专业实习。专业实习是培养和检验学生职业能力的重要载体，通过专业实习可以帮助学生紧紧围绕职业目标、结合自身兴趣、优势和劣势有针对性地塑造和完善自我，提高就业核心竞争力。年级高度重视专业实习工作，将专业实习工作作为就业工作的重要部分抓紧抓好，通过持续开展思想政治教育工作，让学生意识到专业实习的重要性。专业实习是提升专业知识运用能力的重点手段，年级希望学生认真对待为期三个月的专业实习，通过进入职场实战演练，检验自身是否具备职业所要求的专业知识、综合素质和职业能力，并利用实习契机全面发展自我、提升自我、完善自我，以实现个人制定的职业发展目标。三个月的专业实习之外，年级鼓励学生在寒暑假申请到自己家附近的律所、法院等与个人未来职业定位匹配的单位实习，珍惜实习机会提前熟悉业务流程、积累工作经验。

当学生的专业学习进入尾声，根据学生的职业决策，年级对就业方向进一步细化分类，分为面向国家机关求职小组、面向事业单位求职小组、面向企业求职小组等，根据不同的需求有针对性地开展就业能力提升活动。

一、提升求职与生涯规划能力

就业能力提升大赛分为简历大赛和模拟面试两个比赛部分，就业能力提升大赛将比赛的第二课堂与"大学生就业指导"课程第一课堂紧密结合，简历写作比赛强调全员参与，学院所有三年级的学生都必须提交一份用心制作的个人简历参加比赛，简历是学生在大学四年级毕业季能够顺利收获心仪工作的关键一环，是

图 3 - 12　简历指导现场

应聘者获得面试机会的"敲门砖"。在比赛的过程中,学院邀请"大学生就业指导"课程任课教师采用集体指导、一对一指导等多种方式,有针对性地提出学生简历制作中的各种常见问题,并结合学生的个性特点和所要应聘的职位提出突出学生个人特质的建议,增加学生应聘的成功率。

模拟面试比赛开始前,要求职业生涯规划和就业指导教研室的专家学者以"应届毕业生面试的常见方法与应对策略"为主题,就招聘的基本原理和面试技巧进行深入讲解,并分享 HR 所需人才的应有素质和求职技巧,并对面试中常见的问题应该如何应对进行深入讲解。

图 3-13　"应届毕业生面试的常见方法与应对策略"讲座现场

模拟面试比赛分为结构化面试和无领导小组讨论两个环节,力图还原最真实的应聘场景,充分考察学生的逻辑思维能力、口头表达能力、应急应变能力,旨在通过最真实的模拟帮助学生消除对面试的恐惧,大胆展示自我,通过比赛了解职场、适应职场,并尽快地融入职场，从而能在求职的过程中获取更多的机会，拥有更多的人生可能性。

图 3 - 14　无领导小组讨论比赛现场

图 3 - 15　就业能力提升大赛颁奖现场

二、提升可迁移能力

可迁移能力，就是一个人所能做的事的能力，比如组织、计划、沟通、分析、决策、说服、演示、教学等。可迁移能力可以从课堂、校园文化活动、社团活动、社会实践和工作体验中学习，甚至是从生活中获得和提升，可以迁移应用于不同的工作场景之中，是个人最能持续运用和最能依靠的技能。可迁移能力可在职场环境中"泛化"，把对一种环境的反应扩大到另一种环境中。可迁移能力与专业技能在影响薪资水平、个人期望的符合性和整体就业率方面能起到同样的作用。随着信息时代和知识经济时代的到来，新技术和知识的更新换代不断加快，这就需要大学生不断地更新自身的知识结构和能力才能"应变"，当今越来越强调学习能力、终身学习，这些学习能力、终身学习，其实就是一种可迁移能力。①

《教育部办公厅关于印发〈大学生职业发展与就业指导课程教学要求〉的通知》明确：通过"大学生职业发展与就业指导课程"的教学活动，帮助学生了解所确定的目标职业对通用技能的要求，识别并评价自己的通用技能，并掌握提高通用技能的方法。这里的通用技能包括：表达沟通、人际交往、分析判断问题、解决创新能力、团队合作、组织管理、客户服务等。② 这种通用技能实际上就是可迁移能力的另一种表述方式。

① 张太富. 大学生就业能力研究——以西南财经大学为例 [M]. 成都：西南财经大学出版社，2019：81.
② 张太富. 大学生就业能力研究——以西南财经大学为例 [M]. 成都：西南财经大学出版社，2019：81.

年级要求学生从进校起就了解自己的目标职业对通用技能的要求，鼓励学生广泛参加社团活动、志愿服务、社会实践，全面提升个人的可迁移能力。

在就业能力提升大赛中，年级将学生培养的各种能力置于模拟职场中，通过真实的演练把平时培养的通用技能在面试中完美呈现，让 HR 通过面试的表现预测学生在职场环境中能否很快适应企业的工作要求，从而获取工作机会。

通过本科前三年就业服务工作的积累，学院在调研学生求职意向的基础上，建立学生个人成长和就业档案，落实"一生一策"，为后续分类别、分方向、分情况开展就业精准服务，打下坚实的基础。

第四章

分类别做好大学生就业精准服务

从大学三年级第二学期开始，至大学四年级第二学期结束，总计开展五次针对该年级全体学生的就业意向调研，通过科学设计调查问卷、全员覆盖的调研，科学统计在校毕业生的职业选择倾向、个人利弊权衡和真实就业意图。全面研判毕业生的就业趋势，就业工作推进的重点、难点。以此为根据，年级根据调研数据，依据学生成绩状况、家庭支持和对个人的职业规划对毕业生进行科学分类，在分阶段做好大学生就业精准服务的基础上，根据学生毕业意向的不同，分类做好大学生就业精准服务工作。对拟升学的学生和拟就业的学生提供不同的精准服务。

第一节　精准分类，指导学生顺利升学

据统计，2019 年全国研究生入学考试中，D 学院本科 2016 级就业总人数 450 人，共有 314 人选择考研，考研人数占年级就业总人数的 69.78%，其中有 223 人选择报考本校，91 人选择报考外校，共有 186 人的考研初试分数达到国家线，其中本校 122 人，外校 64 人，国家线上线人数占报考人数的 59.24%。

最终，本科 2016 级境内升学人数共计 160 人，其中推免录取 21 人，统考录取 121 人，调剂录取 18 人，2020 届境内升学率为 35.56%，突破了百分之三十的大关，创该学院历史新高！D 学院本科 2016 级学生的考研结果能够取得如此骄人的成绩，离不开学院对升学学生群体的精准分类和精准指导。

在 D 学院，大学低年级升学指导工作的重心围绕专业兴趣的培养和生涯规划教育两个维度，大学高年级升学指导工作的重心围绕情感连接和精准指导展开。

一、专业兴趣的培养

大学一年级、二年级是专业兴趣培养的关键阶段，年级通过开展覆盖全体学生的"悦读经典"系列活动、组建"专业学习兴趣小组"，帮助学生了解专业人才培养目标，慢慢摸索和发现自己感兴趣的专业方向，明确自己未来可能会从事哪些与专业相关的职业以及这些职业所要求的核心竞争力，从而合理规划四年的专业学习和社会实践，以期在毕业时达到目标职业所要求的各项专业技能和综合能力。

图 4 - 1　学生参加"悦读经典"读书活动

图 4 - 2　"悦读经典"读书活动优秀作品集

（一）科研能力和写作能力的培养

对有强烈升学意愿的学生，年级积极引导其申报大学生创新创业训练项目、学生科研创新项目、创新创业训赛项目，参加

"挑战杯"课外学术科技作品竞赛等活动，并召开"三创"项目、学生科研创新项目的申报经验交流会，邀请本科生导师、有申报经历的同学与有意向申报的学生分享项目选题、申报书论证、课题数据调研等重要问题。参加国家级、市级、校级、院级项目中立项的学生人数占年级总人数的三分之一。

积极引导他们参加"中华魂"征文比赛、"四史"征文比赛、"网络安全进校园"等各类征文比赛，要求学生坚持阅读、坚持写作，练就过硬的写作基本功，积极参加法律文书写作大赛、学院案例分析大赛，努力做到理论联系实际。

（二）法律思维和表达能力的训练

为培养学生的思辨能力，提升学生的口头表达能力，学院开展并积极鼓励学生参与案例分析大赛、"聚兴杯"辩论赛、"学宪法讲宪法"演讲比赛，这些活动不仅为学生锻炼口头表达能力创造良好平台，而且为其今后从事法律工作打下严谨思维、严密逻辑的扎实基础。

图4-3　案例分析大赛比赛现场

（三）调查研究能力的提升

积极引导学生广泛参加社会实践，将学生实习工作与暑期"三下乡"活动紧密结合，鼓励学生深入基层实地调研，提升调查研究能力。

图4-4　学生在广东省开展暑期"三下乡"社会实践活动

图4-5　学生在广东省参加专业实习

年级全体同学赴 20 余个省市进行专业集中实习，共计 410 名学生在重庆、广东等 23 个省（市、自治区）开展调研活动，专业实习和"三下乡"活动的开展，不仅培养了学生团队协作、社会交往的能力，学生的调查研究能力也获得了极大的提升，学生"三下乡"团队获评共青团中央学校部"千校千项"最具影响好项目，团长冉同学获评共青团中央影视中心"三下乡"优秀个人入围奖。"三下乡"团队的先进事迹先后被人民网、新华网、重庆日报、华龙网、重庆市共青团、中国青年网等 10 家主流媒体宣传报道。学生在实习和"三下乡"中获得的调研数据又成为学生重要的科研素材，为学生成功申报科研项目打下了坚实的基础。

二、生涯规划教育

自学生入学以来，学院即按照教育部的相关要求，做好学生生涯档案"一生一档"工作，引导学生根据新生职业测评结果，完成包含职业兴趣、职业性格、职业能力、职业价值观等四个维度的自我认知，包含环境认知、职业认知、职业分析、职业选择等四个维度的职业认知，在充分了解自己和职业的基础上，做出最适合自己的职业决策，确立职业生涯发展目标和路径。未来有升学意愿的学生，要求其制订大学四年的学习计划，列出可行的升学计划行动时间表。2020 年研究生复试，受新冠肺炎疫情的影响，本校研究生复试从以往的线下笔试加面试的形式更改为提交攻读硕士学位计划书和线上面试的形式。本科四年的生涯规划教育，对学生各项能力的培养在考研复试中体现得非常明显。比如，报考法律史学方向的史同学，一直想考法律史学方向的研究生，在本科期间注重科研积累，先后主持或参与科研项目4项，其中1项是国家级大学生创新创业训练计划项目，参加第十六届"挑战杯"大学生课外学术科技作品竞赛获重庆市二等奖，考研总成绩位列法律史学方向第一名。刘同学本科在读期间注重锻炼自己的写作能力，先后主持重庆市大学生创新创业训练计划项目1项，荣获重庆市"中华魂"征文比赛三等奖、读书征文被中国法制出版社出版的《悦读经典》一书收录，考研总成绩位列法学理论方向第二名。陈同学先后主持重庆市大学生创新创业训练计划项目1项，公开发表学术类文章2篇，获学院第一届案例分析大赛特等奖，考研总成绩位列知识产权法学方向第六名。

这三位同学的例子只是学院在本科低年级指导学生开展生涯规划，为未来升学早做准备的个例，在2020年的升学指导案例中，每个同学都从本科入学开始为进一步深造积蓄能量。

三、传递人文关怀

（一）考前慰问

在学生紧张的备考期间，他们因暑期不能归家而怅惘、因年末初试临考而焦虑，学院和年级分别组织了两场考前慰问，暑假为留校备考的学生送去清凉饮品。2019年年末考研初试临考前为学生准备了牛奶、面包以及缓解紧张心情的巧克力等食品。通过考前慰问，关注学生的心理状态，让学生在备考过程中铆足力量，有足够的勇气继续向前。

图 4 - 6　学生考研前开展慰问活动

（二）考前谈话

毕业年级辅导员与少部分通过法律职业资格考试但考研坚持不下来的同学，以及对考研缺乏信心的同学及时进行谈心谈话，了解学生复习进展以及内心想法，告知考研就是一场比拼个人毅力的长跑，坚持到最后就一定能胜利，帮助学生树立考研自信心。

聂同学本科期间担任班长，在初试前一天打电话告诉辅导员想放弃考研，经过谈心谈话，坚持完成考试并最终成功考上 A 大学民事诉讼法学专业，考研总成绩位列该校民事诉讼法学方向第十六名。

（三）初试后心理支持

与考本校初试分数在往年复试分数线上下的 28 名同学一一

打电话，要求学生做好复试和调剂的两手准备。辅导员建议同学们不要等到本校复试线公布之后再备考复试，因为按照往年经验，从公布复试线到复试正式开始只有近一周时间，复试线公布后再准备复试的话，时间上非常仓促，难以保证复试结果，最终，28 名同学通过认真准备复试，只有 1 人落榜，其余 27 人全部录取。

四、注重精准指导

（一）考前经验交流

研究生入学考试报名前，为引导毕业生树立正确的考研目标，通过年级大会、考研经验交流会、法律职业资格考试经验交流会、主题班会、微信公众号推送等形式，以学院近五年学生法律职业资格考试通过情况和考研录取情况为依据，为学生分析国家经济形势、考研形势、法学专业就业形势，希望同学们结合自身情况合理确定个人目标，在法律职业资格考试和考研中合理取舍，慎重选择报考学校和专业，不要扎堆报考往年录取分数较高的院校。尤其是针对来自中西部省市、东北地区或经济发展较落后省份的学生，如果学生未来期待工作地点是家乡，鼓励学生报考所谓的"冷门学校"，如兰州大学、云南大学、贵州大学、新疆大学等211 或者 985 高校，帮助毕业生树立可实现的考研目标。

（二）考后做好调剂

（1）与初试成绩上了国家线的同学及时进行一对一电话沟通，了解其调剂意愿，并积极开展调剂指导工作，建议学生不要轻易放弃调剂机会。

（2）国家线发布之前，年级即建立了研究生调剂信息发布群，并安排四位同学每天收集各院校发布的调剂信息，群内公布调剂信息近 180 条。通过中国研究生招生信息网、往年接收法学调剂的学校官方主页、微博、"弘文馆大学士"微信公众号、"小木虫" App、学院领导及专业教师发布消息等多种途径，力求最快为学生提供各院校调剂信息。对于往年调剂较多的院校，安排专人每天查看官网信息，调剂信息一公布就及时通知学生。

（3）制作调剂推送。2020 年 2 月 21 日，年级微信公众号推出考研调剂专题文章《就业季写给大家的第四封信——考研调剂二三事》，为学生详细介绍了调剂的定义、操作网站、流程以及选择调剂的原因等与调剂相关的重要事项，深入剖析了在初试分数上了国家线，但未达到报考院校初试分数线要求，或者分数在报考院校往年复试分数线左右情况下，从节省考研"二战"时间成本、未过法律职业资格考试的学生能够在调剂录取后全心备战法律职业资格考试、未来求职等角度，鼓励学生积极尝试调剂。

经过学院和年级的调剂指导工作，2020 年，学院调剂成功的人数在学院考研总人数中占比为 6.37%。

（三）做好复试指导

开展考研复试简历制作专场讲座，复试简历"一对一"指导工作全覆盖，重点讲解考研复试的简历制作要求和就业求职的简历制作要求的区别，要求同学们在简历中重点突出个人初试成绩、本科期间的科研积累、未来感兴趣的研究方向。复试前，召开复试经验交流会，邀请往年参加过复试的领导、教师、学生讲授复试面试技巧和注意事项。

五、升学指导案例

【案例 8】

1. 学生基本情况

康同学，江苏吉安人，西南政法大学行政法学院法学专业 2020 届本科毕业生。本科四年一直担任班级团支书一职。康同学来自江西农村，家庭经济条件不好，家中长辈对其寄予了较大的期望。进入大学以来，康同学比较积极、上进，对自己的未来规划也有想法。但其想法也仅仅局限在比较模糊、比较宏观的层面，对于自己的理想目标应当怎样实现，以及目标的合理性、可靠性并没有十分清晰的把握和思考。学院和年级在不同阶段进行精准指导，帮助其一步步确定自己升学目标。

2. 升学过程中的具体指导

在大一阶段，康同学跟大多数新生一样，缺乏对大学生活的具体规划，没有认真考虑未来的职业选择和发展等问题。笔者要求像康同学一样缺乏职业规划的学生选修职业生涯规划课程，建立职业生涯计划，从未来发展出发决定是否要继续升学。引导康同学完成职业测评，其中包含对职业兴趣、职业性格、职业能力、职业价值观等四个维度的自我认知内容，包含对环境认知、职业认知、职业分析、职业选择等四个维度的职业认知内容，在充分了解自我和充分了解职业的基础上，做出最适合自己的职业决策。在这个过程中，康同学打算毕业后参加重庆的法院或者检察院统一招录考试，但重庆的法院或者检察院统一招录考试，主城区的职位要求硕士研究生学历、通过法律职业资格考试，因此要实现这个目标，康同学必须考研。康同学参加了"悦读经典"系列活动、

"专业学习兴趣小组"，逐步对法学专业产生了兴趣，有了兴趣，对于这个专业领域就会有更多的韧性，在这个阶段，他坚定了考知识产权法学专业研究生的想法，并为此做出了详细的时间规划表。

进入大三，康同学进入了法律职业资格考试和考研备考时期，在这个阶段，康同学压力倍增，笔者经常关注康同学的思想动态与心理状态，也经常找其谈心谈话，积极给予鼓励，帮助其分析选择的合理性与可行性，通过经验交流会，以学院近五年学生法律职业资格考试通过情况和考研录取情况为依据，为康同学等学生分析国家政策形势、考研形势、法学专业就业形势，希望康同学等能够结合自身情况合理确定个人目标，在法律职业资格考试和考研中合理取舍，慎重选择报考学校和专业。若其具有合理的方案，并且具有很好的自制力能够执行自己的方案，那我们也鼓励其同时准备，避免战线过长。通过研究生考试初试后，笔者要求康同学在简历中重点突出个人初试成绩、本科期间的科研积累、未来感兴趣的研究方向。康同学每次都会在指导之下，针对笔者的修改建议认真修改自己的简历，并反复征求意见，直到制作出一份自己满意，也尽可能满足其报考专业复试要求的简历。

3. 学生考研成功"上岸"

经过康同学的不懈努力，他幸运地成为 A 大学 A 学院知识产权法学方向的一名硕士研究生。

【案例 9】

1. 学生基本情况介绍

刘同学，山东青岛人，A 大学 D 学院法学专业 2020 届本科毕业生，担任过班长一职。先后获得过国家励志奖学金、综合奖学金，通过了大学英语四级、六级考试、国家法律职业资格统一考试，法学专业基础扎实。经过跟刘同学的多次沟通，笔者发现她对未来的规划其实是比较清晰的。她并不考虑进入国企、私企或者律所从事法务工作。她更倾向于参加公务员考试或者选调生考试，回到家乡山东青岛，进入体制内工作，虽然本科毕业也可以参加公务员考试或者选调生考试，但山东是人口大省，高考竞争异常激烈，公务员考试也不例外，笔者从现实情况分析，本科生去考山东省内的选调，不如其他名校的学生有优势。从考法检系统来说，现在中级人民法院一般要求硕士学历。所以从选调生和公务员考试两个角度来分析，本科生的学历基础并不具有非常强的竞争力。所以笔者建议她毕业后选择继续升学，等有了研究生学历，公务员考试的压力要小一些。

2. 升学过程中的具体指导

刘同学从 2019 年 3 月到 10 月，复习的重心一直放在法律职业资格考试上，付出了很多努力，先后通过了法律职业资格考试的客观题和主观题考试。法律职业资格考试后放松了一个星期，长期高强度备考使其身心疲惫，长线备考以后的忽然松懈，让刘同学已经难以重新恢复备考状态。身边大部分同学比较，是从年初就开始准备考研的公共课与专业课，而此时刘同学仅仅通过法律职业资格考试顺便复习了两门专业课的部分知识，英语和政治两门公共课的复习还尚未展开。所以刘同学对自己能否成功"上岸"并不自信，而且心态也没有调整到考研备考状态，笔者虽然担心，但笔者相信刘同学的能力，愿意通过鼓励和宽慰，助她成功"上岸"。因为时间确实紧迫，所以笔者建议她选择本校作为考研目标，利用好本校学生对本校考研试题的熟悉度，争取在有限的时间内取得最大的收益。在我的不断鼓励下，刘同学逐步转变了心态，开始沉下心来踏踏实实地准备每一科的内容，看到她在自习室里沉静自信的背影，笔者觉得十分欣慰。

宝剑锋从磨砺出，梅花香自苦寒来。刘同学在经历了重重挫折后，还是在考研这个战场上取得了十分不错的成绩。笔者继续督促她认真准备复试，不可掉以轻心。一场疫情打乱了所有的节奏，考研复试形式也几经调整，最后刘同学终于不负众望，成功"上岸"，一战成硕！

第二节　精准分类，帮助学生顺利就业

一、帮助学生转变就业观念

（一）认清就业形势

做好毕业生就业工作，关乎经济发展、民生改善和社会稳定。2020 年，全国普通高校毕业生 874 万，比 2019 年增加 40 万①，重庆市普通高校毕业生达 23.7 万人，同比增加 1.3 万人，我校毕业生共计 6551 人，比上一年增加 254 人。"金三银四"的春招因疫情而暂停现场招聘，这就意味着传统的优势渠道受阻，受经济下行压力和新冠肺炎疫情叠加影响，就业形势更加严峻复杂，就业工作面临更大的挑战。同时，疫情导致大量企业延迟复工，调整招聘计划，岗位需求明显下降。学院、年级通过各种渠道，尤其是借助新媒体平台，推送《就业季给大家的第一封信：就业形势分析和就业日历》，帮助毕业生认清严峻的就业形势，只有认清了形势，才能打消学生"慢就业"的想法，积极投入到找工作的毕业大军中。

---

① 任敏. 874 万！2020 届高校毕业生再创新高，同比增加 40 万［N］. 北京晚报，2019-10-31.

（二）重视应届毕业生身份

1. 银行招聘时应届生的优势

银行招聘方式主要包括校园招聘和社会招聘。各大银行每年通过校园招聘的方式吸收的毕业生人数在各行各业中名列前茅，我国政策性银行（国家开发银行、中国进出口银行、中国农业发展银行）、五大国有银行（中国工商银行、中国农业银行、中国银行、中国建设银行、交通银行）、股份制银行、城市商业银行、农村金融机构等银行类金融机构在一个省份招聘人数比较多，而且是专门针对应届生进行招聘。银行对应届生来说，是一个相对较好的毕业去向。

此外，虽然各大银行都有社会招聘，但是社会招聘的条件基本都要求有两年以上银行业工作经验，所以如果没有把握住在毕业季进入银行的机会，以后就很难再考入银行。银行招聘过程中，大部分考官不会过分关注考生是否名校毕业、是否是高学历。只有部分外资银行、股份制银行更关注应聘者学历、毕业院校等信息，而对于五大国有银行或银行基层岗位招聘，则不过分看重应聘者毕业院校，反而认为非名校的学生进入单位更具有职业稳定性。

2. 参加公务员考试时应届生的优势

应届生在公务员报考条件和职位选择上具有较大优势，大家可以查阅国家公务员或者各省市公务员招考简章，有部分职位专门限定"应届生"报考。大家都知道公务员考试的竞争非常激烈，一个条件限制能减少很多竞争对手。由此看来，应届生身份就比较珍贵了。还有各省市的选调生考试或者基层就业政策，比如大学生西部计划、三支一扶、大学生村官等考试也仅限于应届生报考，应届生身份把往届生排除在外，所以对有些同学们而言，进入公务员队伍的机会非常难得。

3. 企业招聘时应届生的优势

国家电网、中国烟草、中国移动、中国联通、中国电信、中国邮政以及中石化等国企，秋招规模较大，招聘人数较多，且主要是招聘应届生，各专业均有需求。国企招人时，通常是倾向应届生的，应届生对企业来说就像一张白纸，因为没有工作经历，可塑性最强。

帮助毕业生珍惜应届生的身份，放弃"慢就业""暂不就业"的想法，积极参加校园招聘、企业宣讲会、双选会，不至于毕业后与有工作经验的人在社会招聘中进行更加残酷的竞争。

二、帮助学生提升就业技能

在开展大学生精准就业服务工作的过程中，要注意以下三个方面：

（一）调动学生的能动性

在精准就业服务工作过程中，我发现部分学生常常以不是意向的工作地域或不是属意的行业为由，将来校招聘的就业机会就拒之门外，有些同学甚至以专心备考公务员为理由，从不参加校园招聘宣讲会。这暴露出部分同学对于毕业求职要求处于"理想化"的层面，觉得不是自己最心仪的工作，便连面试机会都放弃。然而，在毕业生实现就业的过程中，往往是用人单位与毕业生的双向选择。除了部分同学有明确的就业目标岗位外，许多学生其实对于自己想从事的工作类型都是模糊的、不确定的。学生进入求职阶段以后，要鼓励学生尝试各种可能性后，再依据自身情况做出选择，不要主观上放弃各种机会。

同时要引导学生主动获取各类就业信息，从"被动求职"到

"主动出击"，掌握的就业信息越多，意味着机会更多。学生需要根据不同来校单位的用人要求，反复修改个人简历，以获取更多的面试机会。着力帮助毕业生转变求职观念，主动去跑招聘会或宣讲会，利用一次次面试提升面试能力，以确保当真正想要的工作机会来临的时候能一击而中。

（二）注重训练的针对性

每位学生都是独立的个体，有血有肉，每个人都具有不同的经历和优势劣势，每个学生的家庭背景都不尽相同，大学生精准就业服务工作中，要充分考虑学生的个体差异，根据学生的求职意向、择业观念、个性特点的不同，为其提供个性化的简历指导、面试指导、职业选择建议，避免大水漫灌式的指导，注重精确滴灌式服务。

在针对每个同学展开具体的就业精准服务工作时，也要避免笼统地概括问题，切忌用"注重内容""多加练习"等空话套话来进行没有意义的指导。而要从学生自身出发，针对学生暴露出来的问题进行具体细致的分析，并提供给学生一个改进努力的方向，将就业精准服务工作落到实处。

（三）强调人岗的匹配性

眼高手低和盲目悲观等都是就业指导服务工作中辅导员需要极力帮助学生纠正的问题，前者容易造成学生高不成、低不就，后者往往导致学生畏葸不前，不敢参与就业竞争，两种情况均会阻碍学生顺利就业。而这些问题产生的原因在于学生们了解掌握的信息不够全面，对自己没有一个清晰的认知，缺乏努力前进的方向。因此，大学生精准就业服务工作最核心的任务是要使学生"认识自己"，对自身综合实力有全面准确的认识。就本书中选取的大学生就业精准服务经典案例来说，笔者在向每一个同学提供就业指导服务时，都会事先与学生进行深入的沟通交流，了解学生学习生活状态，引导学生发现自己的优缺点，并提出切实可行的计划，帮助学生找到最适合自己的工作，从而实现顺利就业。

三、帮助学生调整求职心态

求职压力是历届毕业生无法绕过的话题，要从众多的应聘者中过五关斩六将脱颖而出，毕业生面临的求职压力可想而知。由于疫情的影响，2020 届毕业生求职压力更大。尽管国家、学校、社会各方面都在努力为拓宽大学生就业门路创造条件，但疫情对毕业生求职环境的影响依然不可忽视。但是，决定人情绪的从来不是现实生活本身，而是人们对现实生活的看法和理解。任何心理压力，都不是完全由现实情境直接决定的。任何外部压力，只有转化为自我心理上的内部压力，才会成为影响人生活的真正压力。既然是心理压力，就必然有自我心理方面的原因，而且可能是决定性的原因。也就是说，所谓心理压力，主要是一种自我主观感受，心理压力的大小也主要是由我们的主观感受决定的。[①]

面对严峻的就业形势，应届毕业生也会感到更大的就业心理压力。但会不会被就业压力压垮，关键是能否有效应用科学的心理策略提升自己的抗压能力。心理自救可以采用以下策略。

第一，积极的自我心理暗示。学会积极的心理暗示，激发自我潜能，看到自己的优势，敢于针对自己的具体情况谋求自己认

---

① 健康报 . 提升心理能量，应对毕业求职压力［N］. 学习强国 App。

为比较理想的就业岗位，不盲目追求与自身情况不符合或者相差太远的求职目标。

第二，调低自我心理期望值。勇于从低处做起，先找到一份工作积累工作经验，再慢慢调整自己的状态，追求更高的目标。即便对工作不是特别满意，有工作总比失业强，能够对淡化焦虑、减轻压力有帮助。

第三，善于多向谋出路。比如，可以继续学习、考研、进修，为自己充电；可以自主创业，为自己蓄势。先生存，后发展，是很多人的成功之路。面对大学毕业生的就业困扰，作为刚刚走上社会的年轻人，能够先做到自己养活自己，就是最大的成功。这些出路，都属于积极等待。积极等待比消极等待会有更多的发展机遇。

四、就业指导案例

【案例 10】

1. 学生基本情况

贺同学，重庆垫江人，A 大学 D 学院法学专业 2020 届本科毕业生，现就职于某人力资源管理有限公司，派驻中国人民银行重庆市分行工作。该同学家庭经济困难，父亲早逝，母亲独自一人将他和姐姐抚养长大，家庭经济负担重，本科就读期间靠姐姐打工的工资、国家助学金得以完成学业。年级在大三学年第二学期开始，面向全年级学生开展就业意向的全面摸排和调研，并依据学生填写的《就业意向统计表》了解学生就业意愿和个人安排。贺同学填写的《就业意向统计表》显示，他计划用一年的时间备考四川大学经济学专业的硕士研究生，本科毕业后再参加研究生入学考试，大四学年放弃参加法律职业资格考试。临近大四毕业季，当其他学生都为了法律职业资格考试或者考研焦头烂额的时候，贺同学显得特别轻松。

2. 就业指导工作情况

考虑到贺同学家庭经济非常困难，毕业后需要家庭从经济上继续支持他花一年的时间去跨校跨专业实现理想，无论是对他个人还是他的家庭来说，这个选择非常不明智，如果这个选择最后没有达到理想的结果，付出的时间成本和经济成本都非常高。

最重要的是通过谈心谈话帮助他认清跨校跨专业考研的难度，认清家庭的经济条件是否允许他选择"慢就业"去备战考研，认清如果错过了大四学年的校园招聘，放弃法律职业资格考试后能否通过社会招聘找到一份可以养活自己的工作，从而转变其就业观念，使其放弃"慢就业"积极开始求职之路。

笔者在办公室先后与贺同学促膝谈心 3 次，每次至少 1 个小时，劝他做出职业选择和未来规划时不要冲动和盲目，要综合考虑各种因素慎重做出决定。对他的家庭而言，毕业后找到一份相对稳定的工作，缓解经济方面的压力更切合实际，没有后顾之忧时可以再选择奔赴理想。贺同学多番思考以后，听取笔者的建议，认为选择先工作再继续考研更适合他的个人情况和家庭实际情况，于是便开始了他的求职之路。

经过层层选拔，贺同学终于找到了一份与经济和金融相关的工作，既可以积累工作经验，又可以为未来备考四川大学经济学专业的硕士研究生做好准备。

【案例 11】

1. 学生基本情况

王同学，重庆市北碚区人，A 大学 D 学院法学专业 2020 届本科毕业生，现就职于重庆市渝中区某课外培训学校。本科阶段学习成绩中等偏上，踊跃参加社会活动，属于性格比较开朗和活泼的同学。未通过国家法律职业资格考试，在考研初试准备阶段，决定放弃考研，直接找工作，这个决定让笔者很讶异。

2. 就业指导工作情况

根据王同学的意向，我们认为当务之急是在王同学找工作之前制作一份不错的简历，买一套正装，了解求职礼仪。通过指导王同学不断润色个人简历，她很快做好了求职的简历。

此后又对王同学进行了面试礼仪、面试着装、面试技巧等就业技能提升培训，王同学赶在秋招结束前找到了一份满意的工作。

王同学半路选择弃考就业，在求职过程中就存在面试经验不足和招聘单位相较于秋招前期较少的劣势。好在王同学自身能力足够，性格开朗大方，这在面试过程中有助于弥补她自身的短板。在指导过程中，虽然时间比较紧迫，但按照计划按部就班地准备，王同学成功地通过了面试。

秋招结束后，王同学说："在我已经错过了很多机会的前提下，张老师帮助我收集了许多招聘单位的信息，这些单位的待遇和工作都挺不错。除此之外，张老师还给我安排了一系列的就业能力培训，我整个人感觉一下子就轻松了，突然之间事情就有条理了起来。选择培训机构，我觉得是正确的决定，我非常喜欢这个机构的工作氛围，待遇也很不错，我打算在这里积累工作经验，未来也有可能继续在这里谋求长远的发展。"

第五章

分方向做好大学生就业精准服务

第一节　毕业生主要就业方向

一、国家机关

在国家机关工作，有稳定的收入和稳定的生活，是同学们梦寐以求的。要进入国家机关工作，首先要通过公务员录用考试。公务员录用考试是为选拔、录用公务员而进行的考试，公务员录用的主管机关根据有关法律规定，通过笔试、面试、体检、政审等方式来测评应试者的知识能力、专业水平、心理素质、道德修养等情况是否符合公务员的要求。成绩优秀者，被录用为公务员，进入国家机关工作。

二、事业单位

事业单位一般是国家设置的带有一定公益性质的机构，但不属于政府机构，事业单位工作人员参与社会事务治理，履行治理和服务职能，宗旨是为社会服务，主要从事教育、科技、文化、卫生等活动。一般情况下国家会对事业单位予以财政补助。事业单位分为全额拨款事业单位，如学校等；差额拨款事业单位，如医院等；还有一种是自主事业单位，是国家不拨款的事业单位。其上级部门多为政府行政主管部门或者政府职能部门。

三、企业单位

最大的人才需求在企业，最多的机遇也在企业。每年各地方政府举办人才招聘会，各大高校都会筹办双选会，为毕业生提供大量进入企业工作的机会。

四、基层就业项目

(一) 三支一扶

三支一扶是支教、支农、支医、扶贫的简称。2006 年，中共中央组织部等八部门下发《关于组织开展高校毕业生到农村基层从事支教、支农、支医和扶贫工作的通知》，以公开招募、自愿报名、组织选拔、统一派遣的方式，从 2006 年开始连续 5 年，每年招募 2 万名高校毕业生，主要安排到乡镇从事支教、支农、支医和扶贫工作。服务期限一般为 2—3 年。招募对象主要为全国普通高校应届毕业生。[1]

(二) 西部计划

大学生志愿服务西部计划由共青团中央牵头，教育部、财政部、人力资源和社会保障部共同组织实施。从 2003 年开始，通过公开招募、自愿报名、组织选拔、集中派遣的方式，每年招募一定数量的普通高等学校应届毕业生，到西部贫困县的乡镇从事教育、卫生、农技、扶贫以及青年中心建设和管理等方面的志愿服务工作。从 2009 年开始，西部计划服务期由 1—2 年调整为 1—3 年。[2]

(三) 大学生村官

大学生村官，是指应届全日制普通高校本科及以上学历毕业

---

① 新职业网，https://www.ncss.cn/jc/index.shtml，访问时间 2021 年 2 月 3 日。
② 新职业网，https://www.ncss.cn/jc/index.shtml，访问时间 2021 年 2 月 3 日。

生，担任村党支部书记助理、村主任助理或其他职务。大学生村官岗位性质为"村级组织特设岗位"，系非公务员身份，其工作、生活补助和享受保障待遇应缴纳的相关费用由中央和地方财政共同承担。大学生村官的工作管理及考核比照公务员有关规定进行，由县（市、区）党委组织部牵头负责、乡镇党委直接管理、村党组织协助实施；人事档案由县（市、区）党委组织部管理或县（市、区）人力资源和社会保障部门所属人才服务机构免费代理，党团关系转至所在村。

（四）特岗教师

2006 年，教育部、财政部等下发《关于实施农村义务教育阶段学校教师特设岗位计划的通知》，联合启动实施"特岗计划"，公开招聘高校毕业生到"两基"攻坚县农村义务教育阶段学校任教。特岗教师聘期 3 年。2006—2008 年"特岗计划"的实施范围以国家西部地区"两基"攻坚县为主（含新疆生产建设兵团的部分团场）。2009 年起，实施范围扩大到中西部地区国家扶贫开发工作重点县。[1]

（五）免费师范生

2007 年 5 月，国务院决定从 2007 年秋季起，在北京师范大学、华东师范大学、东北师范大学、华中师范大学、陕西师范大学和西南大学六所部属师范大学实行师范生免费教育。免费师范生入学前要与学校和生源所在地省级教育行政部门签订协议，承诺毕业后从事中小学教育 10 年以上。到城镇学校工作的免费师范毕业生，应先到农村地区学校任教服务 2 年。[2]

---

[1] 新职业网，https：//www.ncss.cn/jc/index.shtml，访问时间 2021 年 2 月 3 日。

[2] 新职业网，https：//www.ncss.cn/jc/index.shtml，访问时间 2021 年 2 月 3 日。

第二节 面向国家机关求职学生
开展就业精准服务

一、开展专项求职经验交流会

我校属于政法类院校，学生受传统就业观念的影响较大，有较深的公务员情结，毕业生就业期望值与社会需求差异较大，往往将就业焦点集中于国家公务员统一招录考试或者各省市公务员招录考试。学院通过组织学生参加面向国家机关求职经验分享交流会，邀请已在公务员单位就业的往届生为学生系统介绍报考公务员要提前了解的重要事项以及准备技巧，让学生进一步确定是否选择参加公务员统一招录考试，进入国家机关工作。

图 5-1 面向国家机关求职学生开展专项求职经验交流会

二、开展专项公职培训

从 2019 年 9 月至 2020 年 6 月，A 大学 D 学院面向国家机关求职的毕业生群体开展公职培训活动 6 场，邀请专家为学生讲解公务员笔试考试科目行政职业能力测验、申论应试技巧，覆盖学生人数 256 人，占当年 D 学院毕业生总数的 35.6%，通过集中培训，学生更加深入、全面地了解了公务员笔试考试内容。

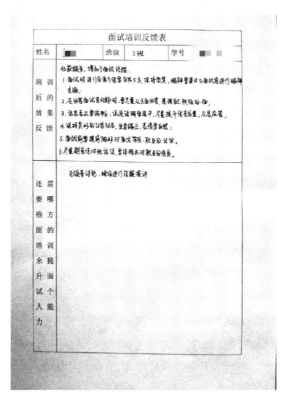

图 5 - 2　学生参加培训后对面试培训效果的反馈

三、培训学习打卡

无论是疫情前的线下学习，还是疫情后的线上培训，指派专门的学生干部负责每日学习打卡，帮助学生顺利完成集中培训授课，互相督促、共同进步。

四、就业指导案例

【案例12】

1. 学生基本情况

唐同学，天津市滨海新区人，A 大学 D 学院法学专业 2020 届本科毕业生。唐同学为人热忱，在校期间先后担任学院学生会体育部部长、学院学生会主席等职务，一直是年级的风云人物。

毕业求职季，他进入国家机关工作的想法十分坚定，放弃了进入中铁十八局工作的机会，一心要准备公务员考试。

2. 开展面向国家机关求职指导工作

（1）做出决定，坚定信心。法学生的未来远不止一种选择方案，升学、考公务员、出国、进入企业、去律所甚至大学生创业都是可选方案，既然决定参加公务员考试，这条路注定比直接选择签约中铁十八局的那几位同学走得辛苦，但决定了就要义无反顾。

（2）积极备考，力争主动。从唐同学下定决心备考开始，年级为唐同学提供了几位往届成功考入天津公检法系统的学生的联系方式，帮助他选好岗位。他积极参加年级举办的公务员笔试培训，反复刷题，慢慢进入考试状态。唐同学的优点很多，其中一点就是沉得住气、稳扎稳打。自从定下了考公务员这个"小目标"，他干脆利落地把自己从社交圈中暂时"隐身"了，学校的自习教室和图书馆又出现了他奋战的身影，偶尔在学校的路上见到他，也是步履匆匆的状态，非常投入。努力过后哪怕没有获得预期效果也没有遗憾，有时候是命运的考验，面对考试一定要调整好心态，是你的机会一定跑不掉。

3. 一波三折，终于如愿

笔试完，唐同学觉得没戏了，返回重庆准备考研，笔者劝他考研也不急这一时，还是先准备一下面试，以防万一。唐同学开始购买面试资料，听辅导机构讲解面试技巧。得到面试通知后，欣喜如狂，笔者告诉他一定要认真准备面试，还联系了学校参加重庆市公务员选拔面试的专家为他进行面试辅导。唐同学报考的岗位共招 3 人，面试完毕，其排在第 4 名，唐同学的情绪低落到极点，备受打击，开始怀疑自己。笔者安慰他，也许有奇迹发生，他说不可能，前 3 名的考生，面试完毕他都确认过，不可能有人放弃。没过几天，唐同学突然接到组织部电话，面试的第 2 名放弃体检，通知唐同学递补进入体检。经过层层考验，一波三折，唐同学终于如愿进入天津市某区法院，成为一名法院系统的基层公务员，为自己在重庆这座山城的四年大学生活画下圆满的句点。

第三节　面向事业单位求职学生
开展就业精准服务

一、开展专项求职经验交流会

公务员考试竞争激烈，毕业生就业期望值与社会需求差异较大，年级引导部分有志于考公务员的同学，关注事业单位招考，组织学生参加面向事业单位求职经验分享交流会，邀请往届毕业生为学生系统介绍报考事业单位要提前了解的重要事项以及应试技巧。

图 5 - 3　面向事业单位求职学生开展专项求职经验交流会

二、开展事业单位招考培训

参加事业单位公开招聘考试是法学毕业生的毕业去向之一。2020 年 3 月，《中共中央组织部办公厅、人力资源社会保障部办公厅关于应对新冠肺炎疫情影响做好事业单位公开招聘高校毕业生工作的通知》发布，通知明确加大事业单位面向高校毕业生的公开招聘力度，2020—2021 年事业单位空缺岗位主要用于专项招聘高校毕业生。事业单位考试笔试内容与公务员考试不同，前者主要考查综合基础知识和管理基础知识。从 2019 年 9 月到 2020 年 6 月，D 学院面向事业单位求职的毕业生群体开展事业单位招考 3 场，邀请专家为学生讲解事业单位考试综合基础知识和管理基础知识应试技巧，覆盖学生人数 125 人，占当年 D 学院毕业生总数的 17.4%，通过集中培训，学生更加深入、全面地了解了事业单位笔试考试内容。

三、培训学习打卡

无论是疫情前的线下学习，还是疫情后的线上培训，学院指派专门的学生干部负责每日学习打卡，帮助学生顺利完成集中培训授课，互相督促，共同进步。

四、就业指导案例

【案例 13】

1. 学生基本情况

徐同学，山东烟台人，中共党员，A 大学 D 学院法学专业 2020 届本科毕业生，在校期间曾任年级学习总班长、班级团支部书记，2019 年通过国家统一法律职业资格考试，2020 年通过山东省事业单位招录考试，现任职于山东省烟台市芝罘区某事业单位。徐同学一直称自己算是一个"半吊子"的功利主义者，在山城的四年，他认为人生就像一座座山，看到山，然后翻过山，再去挑战更高的山。为什么要这样，因为山就在那里。他告诉笔者，他一直在不断地寻山——明确自己真正想要什么。猛虎醒来便知，今日要为了捕食而拼搏。尽管无数的心灵鸡汤、名人传记都说不要有太多功利心，但是平凡的人在人生的各个阶段都有着最为重要的"主线任务"，除了这个最重要的目标外，其余的大学生活都只是"支线任务"罢了。大学生终究是要毕业的，在制定未来的人生规划之前，先要了解自己适合做什么，是当法官、当律师、当法务、读研读博、出国留学、国考省考或是选调等。而如何才能了解自己适合什么就成了一个难题。

2. 开展面向事业单位求职指导工作

了解了徐同学的想法后，笔者建议他走出去，多尝试。大学期间是一个试错的良机，作为学生应当多去实习、听讲座、大量阅读、选择或者旁听选修课，不要仅仅躺在床上刷经验贴而不去实践，或者在宿舍里刷剧综艺荒废时间，更不要凭着一厢情愿或者道听途说，就盲目地决定了未来的路。人生是一条路，走在路上会看到形形色色的风景，但是不是所有的风景都属于你。知识会为我们指明方向，沿途的风景为我们的知识上色。要在实践中认识，再用你认识到的结果指导你未来的实践。

徐同学告诉笔者，毕业后想通过法律职业资格考试，再参加事业单位的招考，山东省的公务员考试竞争激烈，但也会准备一下。笔者告诉他，法律职业资格考试是一种通过性考试，只要过线就是英雄。通过性的考试就意味着你和周围的同学之间没有明显的竞争关系，多与周围的朋友互通有无是一个很好的方法。每月、每周、每天订下学习计划，将繁杂的问题简单化，将长期的目标阶段化，每次完成目标，就给自己奖励。经过奋战，徐同学顺利通过了法律职业资格考试。

　　徐同学开始翻越下一座大山——准备事业单位和公务员考试。笔者告诫他，一切准备要趁早。如果想报考某个岗位或者某省的选调生，请一定要时刻关注该地区的招录公告，有些地方的选调生只对"双一流"高校毕业生开放资格，有些选调生的报考要求必须担任院系一级的学生会主席，有些岗位对基层工作经历或者学历有要求，本科的应届毕业生不能报考。一定要准备好相应的材料，按照格式要求准备，不要在资格审查时含恨落榜。徐同学共参加了两场考试，一场是山东省烟台市的事业单位考试，一场是 2020 年的山东省公务员招录考试，均成功"上岸"，最后选择去了事业单位。

　　毕业季，徐同学在朋友圈写道："昔我往矣，杨柳依依；今我来思，雨雪霏霏。四年的时光，最让我铭记的是传承的力量，无论是辅导员、教师，还是身边许许多多的师兄师姐，还有那位不太冷的'冷师兄'，在我青涩懵懂的时候都给予了我莫大的鼓励、支持和帮助。"

第四节　面向企业求职学生
开展就业精准服务

一、简历辅导

　　2019 年 5 月至 2020 年 6 月，A 大学 D 学院开展简历培训共 5 场，律师方向专场简历培训 1 场，"一对一"简历指导 1 场，实现了毕业生简历指导的全覆盖。

图 5 - 4　简历制作实训讲座

图 5 - 5　简历"一对一"辅导

2019 年 5 月，学院面向 2020 届本科毕业生开展简历制作大赛，评选出的获奖简历在微信公众号推送，将简历制作中的常见问题进行归纳和总结，指导学生制作出符合招聘要求的简历。

图 5 - 6　简历制作大赛获奖学生合影

二、面试指导

2019 年 9 月 14 日至 2020 年 6 月，A 大学 D 学院开展面试指导活动共 8 场，国有企业面试指导 1 场、律师事务所面试指导 1 场，举办"一对一"求职模拟面试培训 1 场，无领导小组讨论面试培训 1 场，解答学生在求职过程中产生的各种问题，帮助其更好地了解自身意愿与招聘岗位的需求，实现面向企业求职学生群体面试指导的全覆盖。通过培训进一步提升了学生的求职技巧，学生反馈培训效果好，尤其是企业求职培训助力部分学生成功签约企业。

图 5 - 7　面向企业求职学生开展面试培训活动

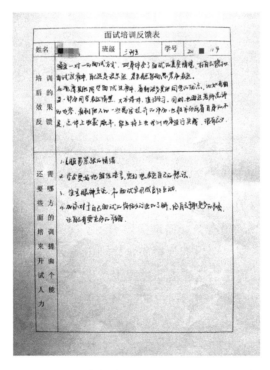

图 5 - 8　学生参加培训后对面试培训效果的反馈

三、就业指导案例

【案例 14】

1. 学生基本情况

曾同学，男，四川广安人，A 大学 D 学院法学专业 2020 届本科毕业生，现就职于中铁十八局集团有限公司海外某公司。在校期间积极参加学院和年级举办的各项活动和竞赛，实践经历丰富，已通过法律职业资格考试，毕业后希望进入企业工作。

2. 就业精准分类工作

根据曾同学的求职目标，主要帮助他修改面试简历，提高面试技能。

（1）求职之始简历被拒。曾同学不知道如何通过简历展示自己的优势，不知道如何根据招聘的岗位来制作符合招聘要求的简历，所以曾同学投出去的多份简历基本上石沉大海。他很苦恼，又不知道问题出在哪里，于是主动来笔者办公室寻求帮助。制作简历的意义在于获得面试的机会，如果无法通过简历获得面试的机会，简历就没有发挥应有的作用。曾同学的简历制作的比较糟糕，就业精准指导的第一步是帮助曾同学学会如何撰写一份符合招聘要求的简历，传授制作简历的重点、难点，指导曾同学紧紧围绕应聘的岗位要求来展示个人的过往经历与招聘要求相符合，通过简历争取到面试的机会。

（2）主动拒绝工作机会。通过三次指导，曾同学的简历有了较大的变化，得到的面试机会多了。曾同学的语言表达能力出众，是一位相当健谈的男生，日常交流中能很快调动起气氛。一段时间后，中国水利水电某工程局给曾同学发来了 Offer，曾同学有些迷茫，他再次咨询笔者，公司总部在青海省西宁市，离家太远，他很犹豫。笔者建议他不要太过着急冲动作出决定，考虑到确实离家远，曾同学放弃了这个职位。

（3）疫情袭来，就业压力变大。2020 届全国高校毕业生 874 万人，同比增加 40 万人，毕业生人数再创历史新高，新冠肺炎疫情突发，春招的岗位变少，曾同学开始后悔，觉得应该和中国水利水电某工程局签约，担心毕业后就失业。

（4）稳扎稳打，成功签约。曾同学的综合能力是较为突出的，又通过了法律职业资格考试，面试环节表现好，不怯场，善于表达，能清晰阐述自我的职业规划和人生规划。针对曾同学的情况，笔者安慰他，不着急，稳扎稳打，毕业前一定能签约，最后其获得了中铁十八局的 Offer。

3. 毕业后发展情况追踪

曾同学入职后，被外派到中铁十八局集团有限公司某海外公司工作，他说："这里的一切对我来说都是新鲜的，闻所未闻、见所未见。草棚一样的房子、枯树枝撑起来的咖啡厅、头顶许多东西的勤劳妇女、皮肤黝黑的小孩、长在水中的大树，还有一天数次的对流雨，我现在过得十分充实，作为初出茅庐的职员，我就是带教前辈的'小跟班'，在努力习惯当地的生活，跟上同事的工作节奏，我不后悔自己的选择。"

第五节　面向基层就业学生开展就业精准服务

2005 年，中共中央办公厅和国务院办公厅印发《关于引导和鼓励高校毕业生面向基层就业的意见》指出，高校毕业生是国家宝贵的人才资源，当前，随着经济体制改革的深化和经济结构的战略性调整，一方面高校毕业生就业面临着一些困难和问题，另一方面广大基层特别是西部地区、艰苦边远地区和艰苦行业以及广大农村还存在人才匮乏的状况。积极引导和鼓励高校毕业生面向基层就业，有利于青年人才的健康成长和改善基层人才队伍的结构，有利于促进城乡和区域经济的协调发展，有利于构建社会主义和谐社会和巩固党的执政地位。各地区各部门要站在党和国家事业发展全局的高度，统一思想、提高认识，在充分发挥市场配置高校毕业生人才资源的基础上，进一步加大政府宏观调控力度，切实做好引导和鼓励高校毕业生面向基层就业工作，努力建立与社会主义市场经济体制相适应的高校毕业生面向基层就业的长效机制。①

2017 年 1 月，中共中央办公厅和国务院办公厅印发《关于进一步引导和鼓励高校毕业生到基层工作的意见》（以下简称《意见》），该《意见》指出，高校毕业生是国家宝贵的人才资源。党中央、国务院高度重视高校毕业生就业工作，把基层作为高校毕业生成长成才的重要平台，对引导和鼓励高校毕业生到基层工作提出了明确要求。各地区各有关部门创新政策措施、完善服务保障机制，引导大批高校毕业生到基层工作，有力推动了基层事业发展。同时也要看到，与全面建成小康社会的目标和基层发展对各类人才的需求相比，高校毕业生到基层工作还存在动力不足、渠道不畅、发挥作用不够、发展空间有限、服务保障不力等问题。

---

① 《关于引导和鼓励高校毕业生面向基层就业的意见》。[EB/OL] . http：//www. moe. gov. cn/s78/A15/xss_ left/moe_ 780/s3265/201001/t20100128_ 80084. html，访问日期 2021 年 2 月 3 日。

该《意见》全面贯彻党的十八大和十八届三中、四中、五中、六中全会精神，深入贯彻习近平总书记系列重要讲话精神和治国理政新理念新思想新战略，认真落实党中央、国务院决策部署，紧紧围绕统筹推进"五位一体"总体布局和协调推进"四个全面"战略布局，牢固树立新发展理念，深入实施人才强国战略和就业优先战略，以培育和践行社会主义核心价值观为引领，以服务基层发展为目标，以更好发挥高校毕业生作用为核心，进一步创新体制机制、完善政策措施、健全服务体系，加快构建引导和鼓励高校毕业生到基层工作长效机制，确保下得去、留得住、干得好、流得动。

基层就业项目主要有三支一扶、西部计划、大学生村官、特岗教师、免费师范生等，自2005年国家鼓励大学生面向基层就业以来，我校按照上级的相关要求，积极鼓励和支持我校毕业生面向西部和面向基层就业，并出台了《西南政法大学引导和鼓励毕业生到基层工作的实施办法》。由于我校属于政法院校，未开设师范专业，学生毕业后能够参加的项目主要为前三项，即三支一扶、西部计划、大学生村官，因此就业精准服务工作主要围绕宣传这三项基层就业政策展开。

一、基层就业政策宣传

（一）基层就业政策宣传

近年来，应届毕业生人数逐年增多，就业形势严峻，大学一年级至大学三年级基层就业政策宣传的重心放在讲好基层故事上。年级利用官方微信公众号推送毕业生基层就业的故事，讲述他们基层就业的起承转合，为什么选择基层就业，如何进行备考，工作中遇到的有趣的事情，基层工作的心得体会，基层就业待遇如何，基层就业未来如何发展等问题。其中，《薪火相传》第六期的《杨菁师姐大学生西部志愿者报考和服务经验分享》《杨丽汁师姐谈谈大学生西部志愿者》等文章引起学生对西部计划的兴趣，并积极主动了解基层就业的相关政策。

大学四年级基层就业政策宣传的重心放在讲好基层政策上，年级利用官方微信公众号推送《就业季辅导员写给同学们的一封信》系列栏目，重点宣传什么是基层就业，报考的流程是什么，笔试和面试要做些什么准备，为学生选择基层就业打下坚实基础。其中，《就业季给大家的第六封信：大学生志愿服务西部计划介绍》《就业季给大家的第八封信：三支一扶介绍》详细地介绍了国家基层就业政策，让学生了解基础就业政策，为学生的个人发展提供了新的方向，鼓励学生报名、参加笔试和面试，尝试基层就业。

（二）基层就业政策宣传案例

【案例 15】

1. 学生基本情况

罗同学，男，重庆市渝北区人，A 大学 D 学院 2020 届法学专业本科毕业生，现在重庆市巫溪县蒲莲镇某小学进行为期一年的支教工作。该生以重庆市 2016 年高考文科前 1100 名的成绩考入 A 大学，学习基础不错，本科在读期间成绩处于中等水平。罗同学入校不久就在校艺术团、学院和年级的学生岗位多处任职，活跃于学生工作与文艺演出中。但是罗同学在本科期间没有平衡好学业与工作，大学成绩一般，考研风险较大，在研究生入学考试"千军万马过独木桥"中缺乏竞争力。

罗同学在大学三年级通过微信公众号看到了师兄师姐的支教

故事，虽有继续深造的打算，但参加硕士研究生统一考试"上岸"的希望不大。经过谈心谈话，笔者帮助罗同学确定了毕业后支教保研的目标，并要求他在成绩、志愿者时长、进入党校学习等方面努力，最终帮助其达到支教保研的基本条件。

2. 基层就业政策宣传工作

（1）补齐短板，因材施策。A 大学研究生支教团的选拔较为严格，硬性标准包括在选拔前取得入党积极分子培训班结业证书、本科期间必修加权成绩在年级前 40% 以内（自 2019 年起提高到年级前 30%）、校团委所认证的志愿者时长达到 100 小时以上，在和罗同学谈心谈话以后，在讲清楚选拔条件后，罗同学特别没有信心，产生了放弃的想法。笔者多次动员他试一试，也许这条路一开始比较难走，但坚持下来应该比参加硕士研究生统一考试轻松一些。获得支教一年的机会，不仅能增长个人见识，丰富个人履历，最重要的是在基层一年的成长，对以后读研肯定有帮助。经过两个学期的努力，罗同学终于在项目选拔前达到基本要求。

（2）打好心理战，克服心理困难。正如前面所说，罗同学一开始其实并不是很有信心，对于是否能达到目标心里一直没有底。所以笔者定期与他进行沟通，鼓励他相信自己的能力，只要付出足够的努力他一定能够实现心愿。也由此，罗同学一路坚持下来，每个目标的达成都成为他在追求研究生支教过程中最大的强心剂。随着各方面能力的提升，他自己也越来越自信。其实在竞争的过程中，心态是非常重要的一环，如果有一身本领而不能有良好的心态，那么极有可能在中途就放弃，甚至在遭遇挫折时崩溃抑郁。

3. 圆梦巫溪

经过一路的努力与坚持，罗同学顺利地通过了 A 大学研究生支教团选拔考试，如愿成为 A 大学研究生支教团的一员，圆梦巫溪。罗同学准备研究生支教团项目的过程可谓一波三折，但所幸他能够在指导下保持心态、稳扎稳打，发挥最棒的状态。这个过程中笔者的心情也跟着他跌宕起伏，作为老师，关心学生，了解学生的困境，尽最大努力帮助他们去解决困难，终于帮助学生实现个人目标！

【案例 16】

1. 学生基本情况

李同学，女，重庆市荣昌区人，A 大学 D 学院 2020 届法学专业本科毕业生，2020 年 8 月参加三支一扶选拔考试，现就职于重庆市荣昌区某镇人民政府，主要负责支农工作。本科四年，未担任过学生干部，参加的社会活动少。李同学在本科阶段缺乏对职业发展的规划，临近毕业很迷茫，没有目标，没有方向。应聘过律所、国企、私企，都以失败告终。在一系列打击后，李同学渐渐丧失了求职的信心。

2. 基层就业政策宣传工作

（1）求职失败后的信心重建。学生求职受挫后必须积极进行心理支持。谈心谈话之前，她跟笔者讲述面试律所、国企、私企的经历，从李同学的讲述中，笔者大概了解到她倾向于寻找稳定的工作，不喜奔波，之前的工作都要出差的要求，她不愿意去，用人单位在录用时肯定会重点考虑这一点，真实的想法要大胆地说出来，不然心里不愿意去做的工作，就是去做了也不长久。李同学是典型的求职迷茫型学生，本科期间缺乏大学规划和职业规划，临近毕业求职目标仍然不明确，自我管理能力较弱，行动力欠佳。笔者主要通过谈心谈话，帮助她建立求职信心，再进一步宣传基层就业政策，希望能引起她的兴趣。

（2）宣传基层就业政策。了解到李同学毕业时如果仍然处于待就业状态，她打算参加公务员统一招录考试。笔者询问其是否了解基层就业政策，是否关注过微信公众号推送的师兄师姐基层就业故事，她说她关注过，但是对政策不了解。笔者将大学生志愿服务西部计划、三支一扶的相关政策发送给李同学，并将《A大学关于引导和鼓励毕业生面向西部和基层就业实施办法》的文件精神给李同学进行了深入讲解。同时，笔者也给她泼了冷水，"三支"最大的问题是基层工作和生活会比较辛苦，到了基层才能真正明白"上面千条线，下面一根针"的意思，支农工作要准确了解农村的经济、政治、文化、社会发展的情况，要搞清楚农民所思、所盼、所忧、所惧、所恨、所怨、所喜。笔者问李同学，怕不怕吃苦？她告诉笔者，不怕，生在农村长在农村，有信心做好支农工作，但是否选择这条路还要好好地考虑。笔者并没有劝，也没有追问，只有学生自己想清楚了，有动力了，后面的工作才能继续深入。

3. 圆梦荣昌

经过慎重考虑，李同学还是决定参加三支一扶考试，放弃了西部计划的选拔。2020年8月，在毕业2个月后，李同学成功通过了三支一扶的考试，圆梦荣昌。参加工作以后，李同学告诉笔者："在基层的农村工作很平凡，也很平淡，没有什么惊天动地的事迹，但是和中国最广大的最朴实的农民打交道真的很锻炼能力，我对自己的要求就是努力做好每一件小事，努力帮助每个农民群众解决面临的困难，2020年是扶贫攻坚的最后一年，我希望通过自己的努力，让服务的农民群众过上美好的生活。单位的人对我们这群大学毕业生非常友好，也愿意帮助我进步，遇到不懂的总会有人教我，我进步得很快，选择三支一扶，无怨无悔。"

二、基层就业动员工作

（一）动员学生面向基层就业

实际上，很多毕业生抱怨找不到所谓的"好工作"，是因为他们总想着留在大城市、进大企业。他们在选择就业单位时首先考虑的是地域和待遇，许多大学毕业生不愿意做普通劳动者的工作。

近年来，国家为了支持西部发展，也为了缓解当前高校毕业生的就业压力，推出了一系列基层就业政策，鼓励大学毕业生投身基层建设，然而其效果却不尽如人意。相当一部分毕业生缺乏奉献精神，认为只有在发达地区才能发挥自己的才能，就业价值取向功利化。很多大学生毕业后都想在大城市、经济发达地区就业，而不愿意到基层、到西部艰苦地区工作。大城市、经济发达地区为毕业生提供了良好的工作环境、工资待遇和生活条件。而基层，特别是西部地区基层，经济社会发展相对落后，工资偏低，生活条件相对较差，对大学生缺乏足够的吸引力，很多人情愿在大城市"打工"，也不愿到基层建功立业。因此，动员学生面向基层就业的难度大，工作难做。

其实，基层虽然经济社会发展相对落后，却是一个广阔的天地，是大学生建功立业的舞台，更是大学生增阅历、长才干的沃土。基层特别是西部基层和艰苦边远地区，迫切需要一大批优秀人才去服务、建设和发展。

为了鼓励学生积极面向基层就业，年级会在毕业季(4月)

统一选拔"大学生志愿服务西部计划宣传员",进行大学生志愿服务西部计划第一轮动员工作。宣传员对照班级学生名单,对既未顺利升学又未顺利就业的学生全覆盖讲解大学生志愿服务西部计划,确定对大学生志愿服务西部计划有兴趣的学生名单。

以年级总人数450人为例,一般情况下,大约有30人对大学生志愿服务西部计划有兴趣,辅导员对照学生名单,深入学生寝室进行大学生志愿服务西部计划第二轮动员工作,了解学生个体情况,动员学生报名、参加选拔,最后约有10名学生通过选拔,到服务地开展志愿服务。

2016年,笔者所带的年级毕业生人数438人,经过年级的第一轮动员,共有28名学生进入第二轮动员名单。第二轮动员后,经过与家长商议,共有12名学生报名参加了学校团委组织的选拔,最后,有8名学生参加大学生志愿服务西部计划,开展为期1—3年的志愿服务。当年全校共39名学生报名大学生志愿服务西部计划,笔者所带的年级报名人数占比30.77%,报名人数居全校之首,动员工作成效显著!

2020年,笔者所带的年级毕业生人数450人,经过年级选拔的"大学生志愿服务西部计划宣传员"第一轮动员,共有26名学生进入第二轮动员名单。经过第二轮动员,共有24名学生报名参加了学校团委组织的选拔,最后,有10名学生参加大学生志愿服务西部计划,开展为期1—3年的志愿服务。当年全校共85名学生报名大学生志愿服务西部计划,笔者所带的年级报名人数占比29.54%,报名人数再次居全校之首,动员工作成效显著!

图 5 - 9　走访学生宿舍开展大学生志愿服务西部计划动员

图 5 - 10　新冠肺炎疫情期间举办西部计划线上经验交流会

（二）基层就业动员案例

【案例 17】

1. 学生基本情况

杨同学，重庆市长寿区人，A 大学 D 学院 2016 届法学专业本科毕业生，2016 年大学生志愿服务西部计划志愿者，2016 年 7 月—2018 年 7 月在重庆市长寿区某行政执法大队开展志愿服务工作。杨同学的家庭经济情况不好，在校期间学业成绩处于中等偏上水平，表现整体不错。毕业之时家里对她的人生规划与她自己的想法产生冲突，家里人都希望她考公务员，她自己却并不想考，认为年纪轻轻仅追求稳定的工作，害怕斗志会渐渐被磨灭。另外，杨同学内心深处想继续考研进行深造，但其家庭经济情况较差，不太能够负担她的学费以及生活费，父母也表明了反对的态度。对于直接找工作，杨同学因为之前在某公司参加专业实习而错过了集中招聘期，目前的工作机会她自己不是特别满意，所以也不想直接就业。毕业论文答辩结束后，周围的同学考研的考研、工作的工作、出国的出国，唯有杨同学不知道该何去何从。

2. 动员学生面向基层就业

（1）消除其对基层就业项目的偏见。根据杨同学的情况，笔者认为大学生志愿服务西部计划对她来说是一条很好的就业路径。笔者耐心地跟她解读西部计划，解开她之前对于西部计划的一些疑惑，消除其对基层就业项目特别是大学生志愿服务西部计划的偏见。杨同学一直认为大学生志愿服务西部计划是需要到祖国大西北或者边远贫困山区去开展志愿服务，但是经过笔者对西部计划政策的耐心解读以及她自己后期的深入了解发现，其实大学生志愿服务西部计划并非她自己想的那么艰苦，那么吓人。大学生志愿服务西部计划是可以选择服务区域的，比如杨同学的家乡是重庆长寿，她如果想在重庆市长寿区开展服务，那么杨同学就可以在报名的时候选择重庆市作为服务地，等学校审核通过后联系重庆市长寿区团委项目办，申请在长寿参加志愿者服务工作。服务的地方也并不都是杨同学一开始想的那种特别偏僻的小山村，服务的单位分布在重庆主城、重庆区县、街道或者乡镇等区域。

（2）坚定信心，确定报考。为了鼓励杨同学选择西部计划，让她能够更早地进入工作岗位，实现自己的人生价值，笔者耐心给她分析大学生志愿服务西部计划的政策优惠。第一，父母想让杨同学考公务员，但是她自己并不想考公务员，认为自己的理想和性格与公务员这个职业不符。但是大学生志愿服务西部计划的服务岗位实质上与公务员的工作岗位有一定的相似性，杨同学可以利用开展志愿服务的这个契机真实感受一下自己是否适合进入国家机关工作。若服务期满有意向报考公务员，大学生志愿服务西部计划在公务员报考和录用方面也会有一定的政策支持，而且服务的年限也会计入工龄。第二，杨同学内心深处还想继续深造，如果服务期满发现自己不适合公务员工作，也能更加坚定考研的决心。完成大学生志愿服务西部计划服务，一方面可积攒工资作为读研的学费；另一方面志愿者服务期满后，考研的初试成绩还有加分，在升学方面相比应届生更有优势。第三，在刚毕业不知何去何从的时刻，选择去基层磨炼自己、服务人民、回报社会，能够给自己一个沉淀的机会，有利于自己树立正确的人生观、世界观、价值观。

3. 圆梦长寿，做好志愿服务

杨同学如愿去家乡长寿开展志愿服务工作，她摒弃了对大学生志愿服务西部计划的诸多偏见，找到了另一方沃土绽放自己！

三、面向基层就业学生群体开展精准服务

（一）开展精准服务

经过前两轮的动员，年级对照有意愿的学生名单，对这部分报名西部计划、三支一扶的学生全方位跟踪指导，讲解具体的报名流程、指导学生登录报名网站填写报名信息、下载打印报名登记表、等待学校组织的面试。

为了让同学们顺利通过面试，辅导员根据以往的面试题目确定模拟面试的考题，组织学生进行模拟面试，亲自担任面试官对学生的面试情况进行一对一点评。

（二）精准服务案例

【案例18】

1. 学生基本情况

田同学，重庆市开州区人，A大学D学院2020届法学专业学生，2020年7月顺利通过大学生志愿服务西部计划选拔，现在新疆生产建设兵团某投资有限公司开展志愿服务工作。毕业季，田同学全心投入考研，放弃参加当年的国家统一法律职业资格考试，2020年2月底，考研初试成绩出来后，自知升学无望，新冠肺炎疫情期间，想着未来，迷茫无措，多次求职被拒，压力特别大。2020年4月，班级的大学生志愿服务西部计划宣传员开始向她推荐大学生志愿服务西部计划，她可以一边开展志愿服务工作一边准备法律职业资格考试。由此，她开始有想法，后来逐渐坚定这个想法，在报名后积极准备面试。

2. 开展就业精准服务

针对田同学的情况，笔者主要开展了以下三个方面的工作：

（1）谈心谈话，树立自信。考研后加入找工作大军的学生缺乏求职自信，一方面是因为前期没有关注就业信息，担心对就业信息不完全掌握、信息不对称产生的惶恐；另一方面则是考研失败导致的挫败感。由此，田同学在找工作过程中充满不自信、焦虑以及迷惘。笔者通过谈心谈话，帮助她缓解焦虑情绪，树立求职自信心。

（2）找准定位，制订计划。在交流过程中，结合田同学未通过法律职业资格考试的实际情况，笔者不建议她去企业或者律师事务所工作。田同学的心里一直有个未完成的志愿者之梦，受恩于祖国，也想积极地响应国家"到西部去，到基层去，到祖国需要的地方去"的号召。经过慎重考虑，她确定了参加大学生志愿服务西部计划的选拔。

（3）综合训练，提升面试能力。年级特邀 A 大学 D 学院本科2016 届的两位毕业生给报名参加大学生志愿服务西部计划的同学分享自己的求职经验，传授面试技巧，从面试时的衣着仪态到应答时的技巧诀窍，再到工作地点的选择。此外，年级还专门邀请具有多年面试培训经验的师兄对田同学进行一对一的模拟面试指导和答疑，有针对性地对田同学面试中的不足给出建议。

3. 圆梦新疆

克服重重困难，田同学最终找到了适合自己的毕业出路，成为大学生志愿服务西部计划的志愿者，现为新疆五家渠一家具有政府管理功能投资公司的招商科员。人生之路不可能一帆风顺，只要我们不怕困难，一路披荆斩棘，终会守得云开见月明。田同学说："找工作就像在拨云撩雾,重重叠嶂,在老师的帮助下我可算是守得云开见月明。在新疆的工作我特别适应,包括气候、饮食和风土人情,在工作之余我也在备战国家统一法律职业资格考试,并与一同前往新疆的一位志愿者谈起了恋爱,准备在新疆定居。感谢张老师向我推荐大学生志愿服务西部计划,这真是一个很好的选择。生逢其时,肩负重担,建设西部,支援边疆,扎根基层,广阔天地,大有作为!"

第六章

分情况做好大学生就业
精准服务

由于学生群体与就业市场不断变化，原先"广撒网"式的就业服务方法已不能适应新时代高校就业工作的需要，开展就业精准服务，根据学生群体的不同情况，开展精准指导、精准对接、精准宣传、精准分类、精准帮扶等就业精准服务工作，成为未来高校就业工作的方向标和着力点。

本章将从精准指导、精准对接、精准宣传、精准分类、精准帮扶五个维度对就业精准服务开展的思路、方法、成效加以论述，同时通过工作中遇到的实际案例来深入剖析精准指导、精准对接、精准宣传、精准分类、精准帮扶工作中遇到的不同情况、工作思路和应对方法。

第一节 大学生就业精准服务之精准分类篇

"精准"二字中的"精"意为专业化、高效化,"准"意为分类明确,把学生就业目标作为就业服务工作的导向。精准分类工作旨在通过可操作、可量化、可细化的过程,有效提升就业服务工作的准确度和学生的满意度。

一、尊重个性,精准分类

由于毕业生群体的成长经历和家庭环境差别很大,再加上所学专业不同,毕业去向选择不同,意向行业与岗位不同,毕业生的个体发展差异性很大。因此,个性化的就业指导成为毕业生的现实需要,而类别化就业指导体系的建立正是对学生进行个性化指导的前提和基础。[①]

多年一线学生工作的经验告诉笔者,每位学生都是独立个体,他们成长在不同的家庭,有不同的家庭背景,每个人都具有不同的性格特质。他们的家长社会阅历不同、经济收入不同,在社会的分工体系中扮演着不同的角色,因此家庭对每个孩子的就业期望差异大,学生在就业中的个体选择是否能得到来自其家庭的支持也有不同情况。

近年来,国家就业形势、高校毕业生情况和就业指导工作的大环境都发生了重大变化,凸显了类别化就业指导的必要性。分

---

① 刘慧,李晨希,高艳. 研究型大学精准化生涯教育体系构建 [J]. 江苏高教,2019(1).

类就业指导可以让大学生的就业期望符合自身定位，以减少其择业的盲目性和就业的随意性，提高就业的成功率，最大程度地实现毕业生顺利就业。

精准分类工作的核心指导思想在于针对学生多元化的成长路径与发展需求，开展不同类型、不同内容、不同维度的全程化指导与服务工作，助力学生个体的成长成才，提升人才培养质量。

分类精准就业指导服务的前提是了解学生的主要毕业去向。目前高校本科毕业生毕业后的去向分为两类：升学、就业。其中，升学主要有境内升学、境外升学，就业主要有直接就业、自主创业。在就业指导的过程中，学院根据学生的求职意向、择业观念、个性特点以及行业需求等方面的不同，分类开展就业指导服务，通过组建不同的求职指导小组，回应不同学生的个性化需求，帮助学生顺利就业。

针对具有境内升学意愿的毕业生，学校开放图书馆、教室等学习区域，为准备升学的毕业生提供良好的学习环境。根据不同毕业生的实际情况，在学生升学院校和专业的选择、复习心态的调适等方面给予指导。

针对具有境外升学意愿的毕业生，邀请专业的出国机构与专家，为毕业生提供专业的留学信息，比如不同国家的选择、不同语言的等级要求、外国院校的排名、不同国家的出国消费等，为毕业生提供精准服务。

针对直接就业的毕业生，提供各项就业培训服务，让毕业生了解所学专业的就业方向，并让毕业生知晓行业的发展现状与未来趋势，并利用各种信息平台，及时推送与发布就业信息，保证毕业生就业信息发布渠道畅通。

针对有创业意愿的毕业生，年级鼓励其参加"互联网＋"创新创业大赛、"挑战杯"等赛事，通过为毕业生建场地、搭平台、引资源，帮助毕业生创业成功。为毕业生创业提供一定的政策扶持与资助，让毕业生的创业项目走得更远。

二、精准分类案例

【案例19】

1. 学生基本情况

刘同学，男，湖南省常德市人，A大学B学院法学专业2020届本科毕业生，现就职于中国建筑第二工程局有限公司，进入公司后被外派到中国建筑某工程局有限公司海外分公司工作两年。刘同学在校期间担任年级总班长，为人处世成熟稳重，言谈举止自信得体，处理年级的工作事务得心应手，获得了身边同学和老师的高度认可。他个人认为在本科毕业以后读研深造会更有发展前景，因此跟笔者表达了继续深造的想法。但是笔者从他的个性特点、学习成绩、行业需求等方面对其进行了分析，认为他更适合毕业就业。刘同学具有非常良好的人际沟通、组织领导等能力，情商高。但与其性格优势形成鲜明对照的是其学业成绩不尽人意。刘同学学习成绩处于中等水平，没有获得过奖学金，也没有通过国家法律职业资格统一考试。就这样的专业成绩而言，考研对他来说是有困难的，孤注一掷地选择考研升学之路，其最后可能会成为考研战场上的"炮灰"。因此笔者建议其积极求职。

2. 就业精准分类工作

（1）提升求职技能指导。刘同学在笔者的建议下，转变心态，放弃升学的打算，面向国企求职。笔者针对他的情况，推荐其参加学院开展的求职简历专题讲座活动，邀请指导老师帮助其完善个人简历，尤其是在简历上突出校园干部任职经历。此后，又对其进行了面试培训、无领导小组讨论培训等，在就业季真正到来的时候，刘同学的准备已经可以说非常充分了。10月，秋招开始，很多单位来到校园内进行宣讲，双选会也在如火如荼地进行，笔者把适合刘同学的国企单位和岗位推荐给他。他去参加了很多面试。付出总会有回报，前期的精准求职准备在此时发挥了作用。在刘同学面试的单位中，一些大型国企都对其抛出了"橄榄枝"，最终刘同学选择了中国建筑集团第二工程局。刘同学的工作确定下来以后，我们都感到如释重负。他确实是一个很优秀的学生干部，笔者是发自内心地希望他可以找到一个优质的、能让他最大限度发挥个人能力的平台，如此才能更好地服务社会，回馈国家。

（2）就业价值观引导。刘同学后来跟笔者聊天时，描述了他对就业以后踏入社会的向往，言辞之间可见其雄图大志，笔者不担心他的业务能力，但笔者担心这份工作的起点较高，会让他心生骄傲自满的情绪。因此在交流的时候，笔者会着重提醒他，工作的目的一方面是为了实现个人价值，另一方面是为了实现社会价值。在校的干部经历将他培养成了一个人才，他要时刻记得感恩这段学习时光，并且踏实认真地工作，真正发挥出自己对社会、对国家的价值与意义。刘同学将笔者的嘱咐铭记于心，在毕业以后带着满分的热情踏实地投身于工作岗位，这让笔者深感欣慰。

（3）就业情况回访。通过与刘同学打电话交流近况，笔者了解了他工作半年的状态。因为工作表现优秀、成绩突出，刘同学被总公司派往非洲某分公司工作。起初刘同学在分公司担任法务一职，后来，其原先所在的部门分化出一个新部门，刘同学也被领导认可，出任了新的商务法务部的负责人。工作以来，他坚守岗位，认真做好领导交代的每一件工作，出色完成每一项任务，将笔者对他的嘱咐实实在在记到了心里。

刘同学说："我在非洲工作，最大的感觉就是得到了锻炼。物质生活条件不比国内优越，娱乐休闲设施不比国内丰富。虽然条件艰苦，但是我对工作的热情却从未减少。非洲大地有血色、有贫穷、有疾病，但也有希望、有满足和奉献。一腔报国之志，一腔奉献之情，我希望我的青春，可以在广袤无垠的非洲大地上美丽地绽放。"

【案例 20】

1. 学生基本情况介绍及职业定位

牛同学，男，河南南阳市人，A 大学 B 学院法学专业 2020 届本科毕业生，现就职于河南某律师事务所。牛同学性格比较踏实憨厚，在校期间没有班干部经历，也没有获得过奖学金。在学习成绩方面并不突出，并且大学英语四级考试也未通过，成绩在年级排名较为靠后。在学生活动方面，牛同学对年级或者学校内外的集体活动并不很感兴趣，导致他大学四年没有积累多少实践经验，在年级当中属于比较普通的同学。他希望毕业后成为一名律师，给许多律师事务所都投递了个人简历。

2. 精准分类工作情况

（1）端正学习态度。牛同学从 2019 年 3 月开始着手准备法律职业资格考试，前期备考并不十分认真，三天打鱼两天晒网。牛同学很喜欢打网络游戏，经常与室友在寝室打网络游戏，而且牛同学的自制力比较差，经常会沉迷其中而无法自拔，因此耽搁了很多学习时间。牛同学虽然对自己的规划是通过法律职业资格考试并且进入律所工作，但是他并没有对这个目标付出相匹配的努力。

针对牛同学的问题，笔者时常找其谈心谈话，向其说明法律职业考试资格的重要性，鞭策其制订合理的备考计划，督促其在备考期间戒掉网瘾，把主要的时间精力投入到复习当中。牛同学已经是一名大四学生，应当为自己的人生规划与目标着想，为自己的人生负责。牛同学慢慢意识到自己在人生规划上的不足与自己付出的努力有所欠缺，也逐渐戒掉网瘾，不再每天在自己宿舍打网络游戏。同时，根据笔者以往的辅导员经验，笔者举了之前学生的事例来给牛同学敲响警钟。之前的学生也像牛同学一样，在毕业季、求职季或升学季的时候仍然沉浸在游戏的虚拟世界里，周边同学再紧张的求职备考气氛也不足以将其惊醒。果不其然，当大多数同学都已经找到自己满意的工作或者升入自己理想的院校之时，他茫然无措，不知道自己的人生方向在哪儿。这位师兄的经历与牛同学的前期状态十分相像，因此笔者特意警醒牛同学不要等到自己错失了众多机会才后悔莫及。牛同学深刻反省了自己的状态与行为，深知自己没有在对的时间做对的事。因此及时调整自己的状态，规划剩下的备考时间。牛同学在自己的辛苦努力之下，终于通过了法律职业资格考试。

（2）就业目标确定。牛同学的就业意向地是自己的家乡河南，通过法律职业资格考试之后，牛同学主要向律所投递个人简历，没有报考公务员考试。就业意向方面，笔者建议他做"加法"。牛同学想去河南工作的主要原因是家在河南，一是家里希望他工作的地方离家近一些，二是他自己也想离家近一些能够更多照顾家里的一些事情。但是笔者给到他的建议是，现在交通工具与方式十分发达，相隔千里之远的城市之间也能在两个小时之内到达，所以距离并不应当是主要考虑的因素，应当打破传统观念的束缚，把精力主要集中到职业本身的发展前景以及与自身的契合度上面。另外，在一些经济发达地区的律所工作更加具有职业上升机会空间，所获得的待遇也更加优厚，并且 A 大学在西南地区及广东一带颇具影响力，牛同学可以考虑上述地区。牛同学最为了解的城市除了家乡便是重庆，首先，牛同学通过法考之后一直留在学校，便于参加重庆市招聘单位的面试；其次，经过本科几年，牛同学比较喜欢重庆这座城市，已经能够适应重庆这座城市的生活方式以及工作节奏。此外，重庆这几年在城市建设、经济增速、就业机会、薪资水平等方面优于河南。牛同学耐心分析，确定了以家乡为主，重庆为辅的就业地域意向。

3. 求职技能指导

牛同学拟应聘的单位以律所为主，应聘此类单位主要是通过在网上投递简历的方式进行，简历作为敲门砖显得尤为重要。我们安排有经验的师兄对其进行"一对一"专门指导，对他的简历进行反复打磨，以 HR 的需求为导向，对牛同学的简历初稿从设计、排版、内容等方面进行了四五次修改。后来笔者又建议他参加学校招生就业办就业指导服务中心举办的乔布简历讲座，对自己的简历再进行修正和完善。最后，牛同学的简历已经成为在众多简历当中非常出彩的那份。

笔者给牛同学推荐了两家重庆律所，这两家律所都要求招聘男生，并且必须过法律职业资格考试，所以笔者觉得牛同学会有很大优势。而且牛同学做事勤快踏实，为人热情灵活，人品没有任何问题，符合这两家重庆律所的招聘要求。但牛同学综合各方面因素考虑，最后还是选择了家乡河南的一家律所，成为一名实习律师。

【案例21】

1. 学生基本情况

唐同学，男，重庆市开州区人，A大学B学院法学专业2020届本科毕业生，现就职于四川省万源市某镇人民政府。该生在本科期间积极加入学生社团组织，参与学生活动，言谈举止自信而从容。唐同学很早就确立了为人民服务的志向，希望通过公务员统一招录考试，进入国家机关工作。

2. 就业精准分类工作

根据唐同学的求职意向、择业观念、个性特点以及行业需求等方面的情况，笔者针对公务员统一招录考试的形势、报考条件、考试种类向他进行了详细介绍。A大学的学生能报考的国家工作人员考试大致为国家公务员考试、地方公务员考试、地方选调优秀大学本科生到基层工作的考试，其中地方公务员考试包括普通招录和法检系统专招。笔者把国家工作人员的职业选择分为两个方向，并进行了横向比较。政法院校的学生在国家工作人员方向的就业上，会有一个明显的分叉口——"政"与"法"的选择。

（1）不同职业分析。"法"主要就是进入法院、检察院工作，致力于成为法官或者检察官。从就业层面分析，"法"方向的优势在于：第一，可以充分发挥法学生的专业优势——当然需要在毕业之前通过国家法律职业资格考试；第二，由于存在专业壁垒，竞争会比非法律岗位的岗位小，至少别人有的优势，你也可以有，或者说有机会有。笔者给他简单介绍了地方省考的法院中限定应届的"法官助理"的考试，这个考试有应届生和法律专业的双重限制，竞争压力小，可以满足专业对口的需求。但唐同学对于法检这方面的就业不感兴趣，笔者也就没有过多介绍。

"政"主要是从事招聘时没有法律专业岗位要求的国家工作人员，主要包括国考、选调生考试、省考的普通岗位。国家公务员考试，法学专业的学生一般能报考的岗位是税务局和个别海事局。基于唐同学在本科期间的优秀表现，笔者着重向唐同学推荐了选调生考试——选调生在职业发展方面具有显著优势。选调生是指，各省党委组织部门有计划地从高等院校选调品学兼优的应届大学本科及其以上毕业生到基层工作，作为党政领导干部后备人选和县级以上党政机关高素质的工作人员人选进行重点培养的群体。在干部提拔的政策上，选调生占据着一定的优势，因为其定位就是党政领导后备干部。

（2）选调生报考指导。基于唐同学的籍贯、家庭住址，笔者着重给他介绍了重庆、四川两地对于选调生的报考要求。重庆的选调生考试将每个区县的选调生名额按照"双一流"院校和"非双一流"院校的标准，对半分开，两类学生分开竞争。A大学在重庆选调中属于"非双一流"的行列，但这并不代表竞争的压力变小。笔者给唐同学分析了重庆往年选调生的分数，"非双一流"分数基本都高于同岗位的"双一流"分数。原因很简单，"非双一流"考生的就业动机更为强烈，在此处笔者跟唐同学进行了简单的心理铺垫。四川的选调生考试并未按照"双一流"院校和"非双一流"院校的标准进行区分，所有院校的学生竞争同一岗位，相对来说压力更大。笔者还跟唐同学介绍了河北的选调生考试要求。因为河北选调生考试更为严格，只招录"双一流"院校和部分院校中个别专业的应届生，而A大学的法学专业恰好就在其中。最后，笔者提醒了唐同学全国各地选调生考试政策不同，报考时切勿一厢情愿地把某地区的要求代入其他省市，一定要仔细阅读相应地区报考简章。

（3）就业价值观引导。接着，笔者对唐同学进行了关于择业的心理建设。选调生的确在"战未来"这一方面占据优势，但在刚参加工作时也会更加辛苦。党和国家提拔干部的要求就是提拔对象具有基层工作经验，因此选调生会被安排到国家发展的第一线，如正处于发展中、工作任务较重的乡镇。衣食住行都在乡镇，离城区较远，环境比较艰苦。因此，笔者提醒他，如果报考选调生要先小苦，再大苦，最后才是实现人生价值——小苦乃寂寞备考之苦，大苦乃艰苦创业之苦。

笔者告诫他：无论是哪个岗位，都要怀着"为人民服务、为党和国家做贡献"的心态。国家工作人员，是一个实现理想抱负的职业。虽然受传统思想影响，公务员社会地位较高，但切莫以此为荣，而是应该心怀谦恭，脚踏实地，认真做事。

唐同学先参加了国考，笔试通过，主动放弃面试。后重庆选调生考试，笔试通过，最终笔面总分差 0.5 分，与梦想失之交臂；重庆市纪委岗位，笔试第一，主动放弃面试。最后，四川选调生考试通过，唐同学成为一名选调生，实现了自己成为一名国家机关工作人员的梦想。

【案例 22】

1. 学生基本情况

王同学，女，重庆北碚区人，A 大学 D 学院法学专业 2020届本科毕业生，现就职于重庆市渝中区某课外培训中心有限公司。其性格比较开朗，属于善于交流的外向型同学，并且有比较强烈的表达欲望。在生活中，她对周围的同学也十分热心，总是用笑容面对周围的一切，应当说是比较乐观积极的一位同学。但是在学习上，有一定的学习惰性，不太能够总结学习经验并为之付出实际行动，因此其平时的成绩并不算太好。毕业前期，王同学对自己的毕业去向还没有很明确的方向，仍然处于迷茫之中。

2. 就业精准分类工作

（1）引导其确立职业生涯目标与路径。通过平时的谈心谈话以及查看年级推送的各类升学和就业信息，王同学在年级有针对性的指导和培训下慢慢清晰了自己的规划与目标，确立了个人职业生涯发展的目标和路径，并列出可行的行动计划。在规划初期，王同学以考取国家公务员为自己的职业目标，在了解到大部分自己心仪的岗位都以研究生学历为门槛之后，王同学毅然决然地将自己的本科毕业去向定在了考研升学。由于自己学的是法学专业，王同学发现自己在法学专业上的一些兴趣，在年级组织的职业测评与定位活动中，王同学也清晰了自己在法学职业上的追求方向，对自己的认知更加明确，因此王同学对自己的考研升学的规划十分坚定。加之王同学想进入法检单位，因此通过国家法律职业资格考试是一项硬性要求，在各方权衡之下，王同学计划同时准备法律职业资格考试与考研。笔者多次找其谈话，了解其心理动态，考验其是否在有具体规划和仔细思考的情况下做出，同时观察和评估其心理建设能力与抗压能力，确定其是否有承担挫折和面对不利结果的能力。在进行这些工作之后，我们帮其分析了近年来考研的一些情况，并且为其总结一些考研院校信息与资讯，帮助其慢慢明晰自己的考研目标。

（2）适时开展心理疏导工作。在备考中后期，由于两手准备的难度较大以及自己的备考计划不是太充分具体，许多详细具体的阶段性目标并未落实，王同学在国家统一法律职业资格考试战场上铩羽而归。我们马上关注到王同学的心理状态，其心理状况明显起伏巨大，对之后的考研准备明显失去信心。因此，笔者和骆老师两人立即找其谈心谈话，一是提高其抗压能力，帮其做好心理建设，避免产生一些心理问题危害身心健康。二是其重整旗鼓，不受国家统一法律职业资格考试失利的影响而信心满满地迎接接下来的考试。因为就其职业规划来说，最要紧的事情是将研究生入学考试初试考好，发挥出自己的水平，能够以应届毕业生的身份成功升学，而国家法律职业资格考试每年都可以参考，并不是其当务之急。经过笔者和骆老师对其的谈心谈话，为其分析最近几年的考研形势，向其明确考研对于其目前规划的重要性，并为其做心理开导，让她慢慢从失利的阴影当中走出来，进入考研准备的冲刺阶段。可是之后发生的一件事情，彻底打乱了她的备考计划，也击垮了她的考研信心，那便是考研资料的遗失。面对自己付出许多心血整理，并且考研后期必须要背诵的资料遗失情况，王同学的心理防线被击溃，做出放弃考研的决定。我们虽然极力挽回这样的局面，但是法律职业资格考试失利以及资料遗失让其放弃了考研的想法，也是因为害怕面对考研、法律职业资格考试双失利的结果而产生了逃避心理。

（3）帮助学生重新树立自信，寻找毕业新出路。笔者联系上她，并未直接谈及就业问题，而是针对其最近的生活状况、学习状况进行了交流，避免直接谈及就业问题使其产生抵触心理，因为其在该阶段处于法律职业资格考试失利并且放弃考研的双重压力之下。经过一系列的试探性问话之后，笔者慢慢将话题引向了就业求职，笔者了解到该生也在积极地进行求职。经过谈话，笔者认为，该生未顺利实现就业的原因主要有以下几点：第一，许多用人单位将通过法律职业资格考试作为招聘与面试的前提条件；第二，一些条件较好的单位要求具有研究生以上学历；第三，该生之前的目标为考研和法律职业资格考试，并未思考过就业的相关问题，因此并未做好就业的充分准备，现阶段的就业想法也是在放弃考研之后才做出的，时间比较仓促，而此时就业形势已经十分严峻。第四，经过几次求职面试失败的挫折，其产生了挫败感而信心不足，情绪比较低落。

针对其问题与基本情况，我们主要采取了以下措施：

（1）进行心理疏导，帮其建立就业信心。王同学现阶段处于考研和法律职业资格考试双失利的情况之下，倍感压力很正常。但是我们也跟其明确，在衡量时间成本之后，若其没有坚持考研的信心与想法，就业是最快摆脱困境的途径。加上其口才较好，完全可以发挥自己的优势，找到一份适合自己的工作。因此其应当建立破釜沉舟的勇气以及信心，以积极乐观的心态面对备考途中发生的一些挫折，努力过好自己之后的生活才是最为关键的任务。

（2）由于之前其一直在准备考研和法律职业资格考试，可以说完全没有关于就业的准备与知识。我们安排的经验丰富的学生对其进行一对一简历与面试指导，有针对性地完善其求职简历，并为其传授面试的一些技巧。

（3）由于王同学的家庭经济条件不是很好，此前的备考已经花费了其很大一部分生活费，并且没有收入来源，家庭也不能为其提供充分的支持。年级考虑到她的情况，为其申请了年级的就业专项补贴，如购置正装、补贴面试交通费等，减小其经济上的负担，让其尽量没有后顾之忧地踏上求职之路。

（4）提供多方面的就业信息，拓宽其就业渠道。由于其加入求职大军的时间相对较晚，求职形势已经比较严峻。因此笔者建议其多多关注学校和学院网站发布的就业信息并关注年级 QQ 群当中的招聘内容。除此之外为其提供了一些官方的就业信息网站，确保其及时掌握有效的就业信息。

最终，王同学在学院双选会上投了十多个单位，收到了 3 个单位的 Offer。王同学前来咨询笔者，笔者根据其自身条件与单位情况推荐其入职本市一家比较著名的课外培训机构。几个月后王同学已经月入过万，并且十分适应和热爱其现在的工作岗位。前期的挫折并未将她打到，对自己负责，为自己努力才能得到花开的结果。

【案例 23】

1. 学生基本情况

吴同学，重庆市黔江区人，A 大学 D 学院法学专业 2020 届本科毕业生，现就职于中城投二局重庆某公司。吴同学为人热情大方，在兴趣爱好上，其积极参与学生活动，热爱体育锻炼，尤其喜爱踢足球，在大一时便加入了学院足球队直至毕业，其间还担任过足球队副队长。在就业方向上，吴同学的主要心思都花在选调中，缺乏对其他就业方向的关注和了解。

临近毕业，吴同学基于提升学历以及现行就业压力，有了考研的打算，准备在考取研究生之后再考取选调生。但吴同学在学习方面自觉性稍有欠缺，且同时准备考研和法律职业资格考试，在双重压力下其未通过当年的法律职业资格考试；在复习过程中，吴同学也逐渐发现考研这条道路并不适合自己。吴同学再次拾起本科毕业就业的想法，放弃考研，重新准备选调生考试。但由于一场席卷全国的疫情，选调生考试推迟到 3 月下旬，这个消息对于毕业生求职来说并不友好，且在疫情期间其在学习上较为懈怠，吴同学对与选调生考试并无太大把握，所以其又陷入了择业迷茫。

2. 就业精准分类工作

在此情况下，笔者和吴同学进行了多番交流。整体来讲，吴同学虽然曾经较早确立过考取选调生的就业意向，但其学习自主性较差且目标不够坚定，于是把他确定为精准分类当中的就业指导对象。

（1）选调生考试指导。首先，笔者肯定和鼓励了吴同学的就业意向，选调生是各省党委组织部门有计划地从高校选调品学兼优的应届大学生到基层进行重点培养，是不错的就业方向。其次，基于吴同学的未来就业意向、籍贯、家庭住址，笔者主要给他介绍了重庆、四川对于选调生的报考要求和情况。第一，在报考要求上，选调生有一些非常重要的要求，即要满足党员（预备党员）、一定身份的学生干部、获校级以上荣誉等要求。因此笔者建议吴同学针对选调生的报考条件确立自己的职业规划，朝着竞选学生干部、积极朝党组织靠拢这个方向努力，为毕业考取选调生打下基础。第二，在报考情况上，重庆的选调生考试将每个区县的选调生名额按照"双一流"建设院校及建设学科和"非双一流"院校及建设学科的标准进行区分，两类学生分开竞争。而四川的选调生考试并未区分是否为"双一流"高校或学科，所有院校的学生竞争同一岗位，相对来说压力更大。因此，笔者提醒吴同学可以多加关注并仔细阅读各地的报考政策，根据自己意向的就业地域，结合自身的情况，朝着这个方向努力。除此之外，笔者还建议吴同学在关注选调的同时，也可以关注一些其他就业方向，能在毕业就业之路上多一份选择。

（2）职业测试精准分类。在针对吴同学开展就业精准分类工作中，年级通过职位介绍、个人能力测评等方法，使其形成适合自己的求职定位，掌握求职面试技巧和注意事项，最终收获了满意的工作。在此过程中，年级的具体做法是：第一，根据吴同学当时的实际情况与性格特点，笔者向其推荐了几个企业和律师事务所，但二者都要求通过法律职业资格考试。于是笔者建议他打开视野，不要局限于法律事务这个职位，也可以面试适合自己的并具有发展前景的其他职位。并推荐其面试国有企业单位，其中有一些单位并不要求通过法律职业资格考试。第二，根据吴同学求职的现状，年级将吴同学划分至企业求职组，让其从考研和选调的遗憾中走出，尽快适应求职节奏，符合单位求职要求。在组内，组员间相互监督、相互提问、共同提升。组员间根据每个同学实际情况设计就业技能提升训练项目和模拟面试情景，使其适应并熟悉相应职位面试场景。此外，还专门邀请具有多年面试培训经历的学生对吴同学进行一对一的模拟面试指导和答疑，有针对性地对吴同学面试中的不足提出完善建议。

在多次面试之后，吴同学最终在春季招聘中面试成功，成为中城投二局重庆某公司职员，承担有关新能源方面的业务兼公司法律事务工作。在就业一段时间后，吴同学返校时与笔者进行了一番交流，他表示在就业时笔者给予他拓宽就业视野，进行多种选择，不要纠结于选调生和法务的建议对其帮助尤其之大；感谢笔者对于他就业情况所的全面细致的剖析，以及根据对他的了解提供择业的多种选择，使他感觉未来的路一下子开阔了许多。笔者也询问了他在公司的发展状况，他表示目前在公司投资项目部，主要负责撰写项目投资建议书，作项目投资方案、项目投资资金预算、行政后勤以及法律方面的工作，他也在备战法律职业资格考试，准备在通过考试后在公司开展更加精细和专业的工作。

每个学生在面临就业时，可能不止一种选择。或许选择了这条路，回头却发现原来另一条路也是适合自己的。在针对不同学生的就业指导的过程中，需要结合学生学习情况、性格特点，扩展其视野，让学生就业时有多种可能，这条路行不通时，还有另一种选择。有职业规划和就业意向固然好，但在就业时也不应排斥"多一种、多一次"的可能，多一份选择、留一份余地，人生也许有另一种可能。

【案例 24】

1. 学生基本情况

杨同学，男，重庆市合川区人，A 大学 D 学院法学专业 2020 届本科毕业生，为人热情踏实，待人接物彬彬有礼，现就职于成都某房地产开发有限公司。在学习上，杨同学十分刻苦，经常很早起来进行学习，看书、背书，从不放松自己的专业学习。在生活上，杨同学为人开朗，和周围同学打成一片，同学对他的评价都十分不错。在兴趣特长上，杨同学十分喜欢阅读，常常在宿舍看书，尤其喜欢与历史相关的书籍。杨同学的写作功底扎实，喜欢表达自己的所思所想，并通过自己的笔头传递给大家、感染大家。他还在网络平台经常发表自己的随笔等各种文章。

杨同学的性格特点以及优势特长对他的求职具有一定的帮助，但是他在职业规划方面以及未来职业选择方面没有清晰的思考，并不能让自己的性格和特长优势在他的职业发展上发挥出最大用处。杨同学虽然在学习上一直是认真对待的态度，但因为学习方法的不适当，学习成绩并不突出，并且尚未通过大学四级英语水平考核——这是杨同学的最大短板。虽然杨同学性格直爽，待人真诚，在生活中受到大家一致好评，但是在面试场上，没有把握相应的面试技巧，太过于直爽直接引导面试的话题向自己的短板倾斜，不会扬长避短而是给自己的面试增加了障碍、暴露了劣势。

2. 就业精准分类工作

杨同学的意向岗位为法律事务岗，但是他并没有仔细了解有关法律事务这个工作岗位的实际招聘情况，以及用人单位在招聘法律事务岗位工作人员时具体的面试流程、面试特点等。以至于在前期面试当中，杨同学没有很好地表现自己的优势与特长，没有针对性的表现，让他错失很多工作机会。

（1）设计分类精准指导方案。我们的具体做法是：第一，将杨同学划分至企业求职组，并让其担任组长，要求每组组长设计不同的就业技能提升训练项目，模拟不同的面试情景、设计不同的面试题目、采用不同的面试方式，针对性开展模拟面试和经验交流，这样一来，杨同学对于企业法务这种面试场景有了全方位的把握与熟悉。并要求杨同学以近年面试原题为训练题目，多采用半结构化面试或者开放式面试。第二，为杨同学安排十分具有面试经验与面试技巧的学生对其求职过程当中的问题进行全过程追踪与解决。年级专门邀请已经毕业并且具有多年面试培训经历的校友对杨同学进行一对一的面试指导和答疑，有针对性地对杨同学给出最具价值和实用性的建议。根据杨同学的实际情况，我们指导他一定要将自己的优势特长在面试过程当中展现出来。而对于自己在成绩和英语方面的短板，一定要注意扬长避短，尽量不要把话题往这方面引导，要学会读懂面试官的心理，并在一定程度上控制话题的走向。

（2）理论与实践结合总结经验。第一，应结合自身的条件而不是自身愿望找工作。前者客观而后者太过主观。第二，善于发现自己的长处并加以发扬。就杨同学来说，平时的写作爱好、任职与实习经历无形中成了其优势。第三，做好准备工作。包括简历、着装、语言等，要给人以认真办事之感觉。第四，保持一颗平常心。尤其是在和面试官交流时，不必卑躬屈膝，也不必过于强势。第五，切莫自我放弃，做好打持久战的准备。凡有一丝把握皆要努力争取，就算失败亦要争取经验上的收获。总的来说，面试得越多，对面试技巧、自身评价与社会认识越有收获。既然过去的自我无法改变，那么现在的机会必须争取。

杨同学说："我从法律职业资格考试考完的第二天（10月14

日）开始找工作，到 11 月 8 日寄送三方协议给最满意的一家单位，共投出简历 30 余份，进入面试环节 10 多次，获得签约机会 6 家。这实在不是什么拿得出手的数据，作为一名在校期间资历平常的大学生，我深刻感受到，找工作并非易事。最崩溃的时候是面试中期，一次次由于学历、成绩等不同原因刷掉，难免丧失信心。经过年级的精准指导之后，一通通陌生电话打进来通知签约的消息，这种喜悦动人心弦，阴霾也烟消云散。"

第二节　大学生就业精准服务之精准指导篇

按照教育部令（第 43 号）《普通高等学校辅导员队伍建设规定》的相关要求，辅导员应当努力成为学生成长成才的人生导师和健康生活的知心朋友。

辅导员应当从大学生成长成才的角度出发，主动成为大学生健康成长路上的引路人，将就业服务工作融入学生的日常教育中，主动扮演好"指导者"与"服务者"的角色，帮助学生正确认识自我、积极完善自我、完美悦纳自我，根据学生的共性特点和实际情况，有重点和针对性地为学生提供就业指导，激发学生求职的积极性、主动性和创造性，帮助学生设计好自己的人生之路。

一、开展学生就业意向调研

科学设计调查问卷，通过覆盖全员的调研，掌握在校毕业生期望的工作地点、职业发展规划、专业就业前景、就业选择倾向、影响职业选择的因素、影响择业成败的因素、个人利弊权衡，全面研判毕业生的就业趋势和就业工作推进的重点难点。

二、调研数据的分析与运用

通过对调研数据的整理和分析，掌握学生的求职情况。以下是学生在求职指导中需要注意的几个问题：

（一）学生求职信息获取渠道

在就业信息获取渠道上，大约 29.1% 的学生主要依赖学校就业指导中心发布的就业信息，获取招聘信息的渠道过于单一。大约 25% 的学生在就业过程中仍存在等、靠、要等错误观念，学生获取就业信息的主动性不够，可能减少就业选择。

（二）学生求职意向

62.9% 的被调查人员意向单位是国家机关或事业单位，部分学生将进入公务员队伍作为唯一的就业选择，就业选择面相对狭窄，影响顺利就业。

（三）学生就业地域选择

在就业地域的选择上，41.2% 的同学意向工作城市是东部大中城市，学生对于到西部地区以及基层就业的主观意愿不强，对国家大力号召大学生毕业后到西部地区和基层锻炼的就业导向出现不认同的观念，无形中减少就业机会。

三、开展就业指导训练

结合调研数据，启动"求职技能提升训练营"活动，年级邀请学校就业指导中心老师或资深的人力资源培训老师担任授课教师，对同学们进行就业技能提升培训。

（一）根据学生求职意向进行分组指导

按照学生求职意向，将参加"求职技能提升训练营"的学生分为面向国家机关求职组、面向事业单位求职组、面向银行求职组、面向企业求职组，每组设组长 1 名，负责小组日常活动，执行年级"求职技能提升训练营"工作方案。不同的小组由组长组织组员设计不同的就业技能提升训练项目，模拟不同的面试情景，设计不同的面试题目，采用不同的面试方式，有针对性开展模拟面试和经验交流。比如，针对当前公务员、银行面试多采用结构化面试或无领导小组讨论的实际情况，面向国家机关求职组、面向银行求职组的训练题目以历年省市公务员面试或银行面试原题为主；又如，面向企业求职组多采用结构化或半结构化面试，训练题目以企业面试真题为主。

（二）调动学生的主观能动性

精准指导的核心是让学生动起来。"求职技能提升训练营"改变传统注重教师讲授求职技能而学生被动参与就业指导的形式，将调动学生的主动性作为就业指导工作开展的核心。比如，在简历制作培训中，要求学生在课前制作好简历并交给授课老师，学生带着制作简历时的疑惑来到课堂，就能发现自身简历存在的问题，增强培训效果。在课程结束后，辅导员会同授课老师对学生的简历进行一对一指导，从制作技巧、职位匹配、投递礼仪等方面给出意见建议，指导学生进一步修改完善简历。通过反复修改简历，学生的主动性被充分调动起来，培训效果立竿见影。又如，每次模拟面试结束后，要求学生对自我面试表现进行评价，然后小组成员相互点评，让学生找准和认清自身的优势和劣势，明确进一步提升面试技能的努力方向。通过发挥学生的主动性，让学生自己结合实际情况思考并有所行动，学生在模拟面试中进步很快，面试能力显著提高。通过运用科学方法开展指导，不仅节省了学生培训的时间，而且提高了培训的针对性，使就业能力提升训练更具实效性。

四、精准指导的案例

【案例 25】

1. 学生基本情况

谭同学，女，重庆市垫江区人，A 大学 D 学院法学专业 2020届毕业生，性格较为内向，口头表达能力一般，现就职于重庆市某区人民法院。谭同学家庭经济困难，心思全在准备公务员考试上，基本没参加过学校的招聘会和校外的招聘。

2. 就业精准指导工作

笔者主动找她谈话，希望她能够抽空参加招聘会，多积累面试经验，这不仅对公务员面试会有帮助，也可以让其在备考公务员之外有多手准备。在谈心谈话过程中，笔者推荐谭同学参加年级的"求职技能提升训练营"活动。谭同学语言表达能力一般，在大学期间这方面得到的锻炼也比较少，通过专门的面试训练可以帮助谭同学了解公务员考试的面试形式、面试题型，为面试做好充足的准备。

经过面试训练，谭同学通过笔试后，终于有惊无险地通过了面试，如愿以偿考入法院系统，进入法院工作。

在指导谭同学的过程中，主要有以下几点经验：

第一，帮助学生正确认识面试。求职找工作不是坐等工作机会，而是要主动出击。平时需要多练习面试，通过面试锻炼自己的胆量、口才和应变能力。任何面试其实都是相通的，公务员面试虽然和其他面试有区别，但也有联系，在面试时，很多问题大同小异，自我介绍、应急应变、人际交往等。需要提前准备，在正式面试时进行提炼和加工，才能如鱼得水。

第二，多手准备，机会总在意想不到的地方。有的同学经过多次面试，仍然未能找到合适的工作。在指导学生求职时，要重视学生情绪，鼓励学生尝试，帮助其发掘自身的闪光点。谭同学其实是比较内向的，平时也很少与人打交道。这些因素使她面对压力时会产生一些消极的想法。在指导的过程中，笔者将招聘会中比较符合谭同学性格、能力的职位的招聘信息发送给她，只要是有机会的岗位都推荐她去尝试。虽然不能"一面即中"，但机会总是留给有准备的人，在一次次地尝试后，得到的经验和教训是那些没去尝试的人无法想象的。

谭同学说："我以为求职和学习一样，我想去的职位就是我要面对的考试。但事实和我想的完全不一样，在张老师的分析下我发现如果按照原有的计划，我如果没有考上我想去的岗位，那我将会付出非常大的代价。张老师推荐我多去参加招聘会，一开始我是不太愿意的，在面试不断失败的情况下，我很气馁，张老师不断关心我、鼓励我。我能够明显地感觉到，在一次次的面试之后，我变得更加自信，在面试的时候不再那么胆怯。这样的经历对我之后的公务员面试有很大的帮助，不停地尝试、失败最终会通往成功求职的道路。"

【案例 26】

1. 学生基本情况

余同学，女，宁夏回族自治区吴忠市人，A 大学 D 学院法学专业 2020 届毕业生，现就职于重庆市某法律咨询有限公司。余同学家庭经济困难，全心备战考研，为考研付出了很多的时间和精力，最后却还是没有考上自己心仪的学校，法律职业资格考试亦未通过。

2. 就业精准指导工作

考研初试成绩公布统计后，笔者得知余同学成绩不理想，赶紧给她打电话。在电话里，她向笔者诉说了自己的心酸和难过，笔者一面安慰开导她，一面咨询她接下来的打算，她说她很迷茫，笔者根据她的情况，给她分析了一下就业形势。余同学说，家里经济条件不好，继续升学，家里条件不支持。现在开始找工作，但对就业毫无了解，之前什么都没有准备，很担心自己找不到合适的工作。

在了解到余同学的意愿后，笔者认真分析了她的情况，相信以余同学的工作能力和对待事情不怕吃苦、认真负责的态度，如果要就业，就要全力以赴，而且从她的家庭实际情况来看，她的确需要一份工作，尽快自立。

余同学前期全身心备战考研，对找工作的情况几乎没有了解，其当务之急就是要弥补准备考研而错失的求职方面的信息和求职技能的培训，制作一份不错的简历并且学会最基本的求职和职场礼仪。在决定之后，我们迅速展开了准备工作，针对余同学存在的短板制订了一套方案。余同学积极参与配合，很快就根据简历制作培训所学制作了一份简历，笔者与其他专业老师对简历进行了审阅，她根据修改意见制作了不错的简历。此后又经过面试礼仪、面试着装、面试技巧、职位测试等职业技能培训，余同学在求职之前做好了充分的准备。最后，在我们与余同学的共同努力下，她成功签约某法律咨询服务有限公司。

在就业指导的过程中，笔者总结出了两点宝贵的经验：

第一，提前对就业信息进行收集、处理、加工提炼，再向学生发布。第二，准确掌握各家单位招聘要求、薪资待遇、发展基本情况。针对不同单位的性质进行分类，再根据学生的就业意愿和能力进行合理的信息传达。

第三节　大学生就业精准服务之精准对接篇

2016 年 3 月 17 日，教育部办公厅下发《教育部办公厅关于开展全国普通高校毕业生精准就业服务工作的通知》，要求各地各高校精准对接服务平台。各地各高校要充分利用就业网、手机短信、就业 App、微信等渠道，建立供需精准对接服务平台。将毕业生求职意愿信息数据库与用人单位岗位需求信息数据库进行比对，智能化匹配学历、专业、地域等关键信息，为毕业生与用人单位精准推送符合要求的供需信息。要指定专门团队或人员负责服务平台的维护管理，及时收集、整理、发布供需信息，做到定期维护、适时更新、即时统计。教育部新职业网已建成精准对接服务平台和微信公众号，为高校毕业生提供政策、指导和岗位信息精准对接服务。

要实现精准对接，为毕业生推送个性化就业信息，必须基于辅导员对所带毕业生的情况非常熟悉，了解和掌握学生的学业情况、社会实践情况、优点和缺点、就业需求点、就业竞争力以及就业短板，为了确保用人单位岗位需求与毕业生的求职意愿能够实现精准对接，辅导员需充分利用建立的"一生一档"成长手册。"一生一档"成长手册准确记录了学生四年的成长轨迹，辅导员可以根据"一生一档"成长手册的内容，非常详细地了解每位毕业生的情况，为其提供个性化的就业咨询服务，为毕业生精准推送就业岗位。

辅导员作为用人单位和学生之间的纽带，在就业服务工作中应找准"两抓手"。一方面，要收集用人单位的资质信息和招聘需求；另一方面，要了解掌握学生的实际综合表现，做好双方信息的衔接、传递与匹配，利用新媒体平台为用人单位和毕业生提供高效优质的就业服务。

一、求职意向

求职意向是学生美好就业期望的现实反映，是精准就业服务的坚实基础。从学生进入毕业阶段开始，就设立班级就业联络员岗位，每月就业联络员要对全班同学求职情况开展摸排工作，以班级为单位对学生的求职意向进行精准统计。辅导员确保通过每月的情况摸排，准确掌握学生的求职意向，为下一步有针对性地推荐适合的岗位打下坚实的基础。

二、强化就业推荐

辅导员依据"一生一档"中记录的每名学生的学业情况、获奖情况、社团活动、实习经历、兴趣和特长、择业意向等信息，对学生进行分类，有针对性地将用人单位的就业信息和招聘要求推送给有需要的毕业生，及时把握用人单位的需求和岗位特征，根据学生的求职意向、个性特征、学识水平、能力素质等因素，积极做好有针对性的就业推荐，实现最佳匹配。

搭建毕业生、用人单位与就业指导教师之间的就业信息平台，就业信息服务平台应形成"大就业"的服务定位，丰富信息内容，使其服务对象拓展为求职、考研、出国深造、创新创业、考公务员等多种类别，提高就业信息推送的精准度和有效性，满足不同学生群体的实际需求。

【案例 27】

1. 学生基本情况

陈同学，女，重庆市丰都县人，A 大学 D 学院法学专业 2020届毕业生，现就职于重庆某人力资源管理有限公司，派驻重庆市某区政法委工作。该同学家庭经济困难，全心备战考研，为考研付出了很多时间和精力，但是最后没有考上自己心仪的学校，法律职业资格考试亦未通过。陈同学性格较为内向，在年级活动中是不活跃，平时较少与老师主动沟通。

2. 精准对接工作

（1）深入分析就业形势。大三下学期，笔者就约谈了陈同学，先给她介绍了近几年的就业形势，包括就业竞争、就业压力、就业方向等；然后给她介绍了近年来的考研情况，包括考研院校、考研竞争等；最后对法律职业资格考试的相关情况进行了一个说明。

（2）密切关注心理状态。陈同学全力以赴准备考研，备考期间，笔者也给陈同学推荐了几个工作机会，但陈同学表示想全心考研，暂时不想找工作。笔者通过年级学生干部侧面了解到陈同学的学习状态，她很刻苦，每天都早出晚归。笔者松了一口气，但还是怕她给自己太大压力。在考试前夕，笔者特意给她打了个电话，鼓励她。不幸的是，陈同学以几分的差距与心仪的专业失之交臂。笔者把她拉进了年级组建的调剂信息分享群，并告诉她通过调剂也可以选到一些很好的学校，不要轻易放弃。在接下来的几天里，笔者都会询问她相关的情况。终于在第三天，她兴奋地告诉笔者，有学校通知她面试了，虽然竞争激烈，但是终究是有机会了。她的性格比较内向，面试容易紧张。笔者又对她的简历进行了修改，并对她进行了一对一指导。这一次，笔者对她是充满信心的。可惜，陈同学综合排名第二，学校只有一个招生名额，陈同学再一次败北。这一次对陈同学的打击颇大。

（3）帮助调整求职意向。陈同学经过一系列失败之后决定先找一个工作。笔者问她，还考不考研。她告诉笔者，想一边工作一边考研。根据前面法律职业资格考试与考研未能兼顾的教训，笔者对于她考研和工作能否兼顾存有疑虑，担心她坚持不下来。考虑到她的家庭情况是不允许她脱产复习考研的，笔者告诉她，找工作一定要找一个好一点的工作，如果为了考研随意找一个工作将就，风险太大。如果特别希望求学深造，可以把考研纳入工作后的职业生涯规划，在改善家中生活条件后，再考虑求学深造。最终，陈同学采纳了笔者的建议，积极寻找工作。

（4）推荐岗位获得机会。在此期间，重庆某人力资源管理有限公司希望寻找一名毕业生，三个要求即重庆本地人、女生、做事认真踏实。

笔者在年级还未就业的毕业生中找到两位学生，一位是陈同学，一位是肖同学。笔者把她俩推荐到这个公司参加面试，因为要派驻到重庆市某区政法委工作，所以需要去真正要用人的单位面试。

为了帮助陈同学梳理求职信息，汲取调剂失败的教训，笔者对陈同学的简历和面试都进行了有针对性的训练。陈同学已经调整好状态，准备一边工作一边花时间复习，不想继续啃老。功夫不负有心人，陈同学面试通过了，最终获得了工作机会。

【案例 28】

1. 学生基本情况

唐同学，男，四川广安人，A 大学 D 学院法律硕士，现就职于中国建筑第八工程局西南某公司。该同学本科毕业于郑州大学，研究生在 A 大学就读。在校期间，唐同学曾先后在检察院、律师事务所实习。唐同学英语能力欠佳，仅通过大学英语四级考试，但该同学有两个"加分项"：一是实习经历非常多，工作经验丰富，抗压能力较强，口头表达能力不错；二是文字能力强，热爱阅读，有较强的写作功底。

2. 精准对接工作

毕业多年的一名学生希望笔者帮忙在毕业生中寻找一名法务人员，这名学生在中建八局西南公司工作满五年，法务离职了，希望笔者可以尽快向他推荐合适的毕业生人选，能够尽快到岗，不然手头上的许多工作难以推动。招聘有三个要求：四川籍学生；已经通过国家统一法律职业资格考试；男生优先。

笔者在研究生的毕业名单中找到了唐同学、李同学，他俩刚好都符合三个条件。笔者便开始帮助唐同学、李同学开展求职前的各项准备工作。

首先，简历的修改与润色，在这个过程中笔者跟他俩强调要"扬长避短"，如果在校期间参与活动较少，那么可以尝试把简历重心放在自己的实习和社会实践上来，突出自己的实务经验。此外，就简历的整个色调以及风格与他们进行了交流，要契合工作岗位需求，给 HR 一种严谨冷静的观感。其次，笔者对他们就面试中可能问到的问题以及该如何作答进行了培训，让其提前做好充分准备。最后，又对他们进行了实战演练——模拟面试，力求真正面试时做到不怯场、淡定从容。

机会总是留给有准备的人，通过层层面试选拔，唐同学最终获得了这个机会，入职中建八局西南某公司，成为了一名公司法务。

【案例29】

1. 学生基本情况

马同学，男，河南省驻马店人，A大学D学院法学专业本科毕业生，现就职于某政法机关。其在校期间表现优异。该同学好学深思，多次斩获综合奖学金；积极参加各类比赛，多次获得文艺比赛、征文比赛和各类知识竞赛的奖项；同时，主动参加学生实践活动，担任过学院学生会副主席、新媒体中心主任、班长等多个学生职位。马同学综合能力强、综合素质水平较高。

在就业季来临之际，马同学多次与笔者沟通，其进入大四后，一直处于纠结和迷惘之中。该同学参加了校招，面试了几个企业、律师事务所，但在了解后发现其招聘工作的内容与他所期待不太一致，于是就尽早放弃了企业和律所这条路，坚定选择了考公务员这条路。马同学的个人理想是去一线城市发展，再结合其考公务员的想法，考一线城市的公务员是该同学的理想选择。但是在查阅公务员招考公告后，该同学发现一般一线城市比较好的岗位都要求研究生学历，因此该同学就投入考研和法律职业资格考试的准备当中。马同学那段时间还是比较迷茫，他一直在思考考研到底能给他带来什么？是学历的提升还是逃避社会？其没有未来致力于学术研究的想法，在此情况下选择读研仅仅为了提升学历是否是一个合适且正确的选择？因此，马同学在考研的路上犹豫不决，徘徊不定。

2. 就业精准对接工作

马同学想去一线城市发展，通过国家公务员或者地方公务招录考试，进入体制内工作。但无奈受制于学历要求，许多有意向的岗位无法报考，可其学术热情不高，读研的意愿又不是很强烈，因此在就业与考研间纠结、徘徊和迷茫。

马同学在校期间表现优异，算是为学业交出了一份满意的答卷。年级所做的"一生一档"成长手册准确记录了该生四年的成长轨迹，其各项素质都不错，具有去一线城市当公务员的能力。笔者向他介绍了一些一线城市公务员的招录情况，虽然大部分有研究生学历的要求，但还是有部分单位可以接受本科生学历，其可密切关注就业招录信息。果然，不久后某政法机关来我校举办宣讲会，该单位接受本科生报名，但需要先进行一场面谈。马同学面试表现不错，该单位在北上广深这些大城市也有相关工作单位，因此非常符合马同学的就业意向。

在针对马同学的精准对接工作开展的过程中，笔者总结出以下两点经验：

（1）精准推送岗位。"一生一档"记录工作在大学一年级就要着手准备并不断完善。到就业季时，"一生一档"要能够反映同学们四年的成长轨迹，这样才能根据同学需要实现精准对接。马同学在校期间积极向上，从每学期的"一生一档"统计信息来看，其荣誉和实践经历不断积累，而其就业意向也一直未变——考公务员。通过对马同学"一生一档"信息的掌握，笔者才能得知其就业竞争力大，也能更加明确马同学究竟想要什么，什么样的工作是符合其职业规划的，才能更好地为其提供个性化服务。因此，在得知某政法机关来校时，才能抓住适合马同学的就业需求点，为其提供适合的就业信息，让马同学获得参加招录的资格。

（2）做好沟通桥梁。用人单位和学生之间会出现信息不对称、相互不了解的情况。用人单位渴望找到适合单位的得力工作人员，但短暂的面试可能出现无法真正考查学生各方面能力的情况，可能出现劳工不相适应的情况。学生面对海量的求职信息，可能会不经意间错失最适合自身的就业岗位。我们作为辅导员，多年从事学生工作，在毕业季亦即就业季中，要做好用人单位和学生间的桥梁，帮助学生找到适合的岗位，也为用人单位提供适合的学生，实现双赢。马同学在找工作的同时也在准备法律职业资格考试，并未放松学习，在海量的求职信息面前可能有遗漏的地方，笔者通过"一生一档"对其的了解，向其推荐了适合他的就业岗位，成为他与用人单位的联系和桥梁，补齐了信息不畅通的短板，这是马同学就业制胜的关键，也是经验之谈。

【案例30】

1. 学生基本情况

阳同学，女，重庆市梁平区人，A大学D学院法学专业2020届本科毕业生，现就职于中国银行重庆市分行某支行。该学生家庭经济困难，在校期间生活费来源主要依靠勤工俭学。阳同学性格内向，不善社交，学业成绩较落后，在校期间未担任学生干部，参加的校内外活动较少，语言表达能力也较为薄弱。进入大四学年，面对毕业去向的选择，阳同学做出同时备战法律职业资格考试、考研的计划，但是由于学习基础、复习进度、学习效率等多方面的原因，阳同学未能顺利通过2019年法律职业资格考试主观题考试，考研也中途放弃了。之后，阳同学找到笔者，和笔者进行了深入的沟通和交流。她表示，考虑到家庭经济情况以及发现自己并不是很适合做学术，她最终决定专心找工作，希望年级可以给她提供帮助。

2. 就业精准对接工作

阳同学的在校经历无法吸引HR，再加上该同学缺乏面试经验，语言表达能力有待加强，如果按照阳同学当时的状态直接去投递简历的话，要找到合适的工作还存在一定困难。

阳同学在确定了就业意向后，经过年级一系列的指导和帮助，面试能力有了很大的提高。该同学也积极投递简历，参加招聘会，希望能找到心仪的工作。后来笔者了解到，阳同学已经顺利签约一家课外辅导机构，并成功办理入职。但在那之后不久，阳同学就跟笔者说，她觉得自己不适合那份工作，她不想再继续干下去了，因此离职。于是，阳同学又开始了找工作的曲折历程。那段时间，笔者正好在关注一些银行的招聘信息，发现有很多银行都有针对大学贫困生的专项招聘计划，便向阳同学推荐了银行的一些岗位。阳同学后来便报名参加了中国银行和邮政储蓄银行的贫困生专项计划，并且凭借自己各方面的出色表现成功进入最后一轮筛选环节。

最终，阳同学通过了中国银行的贫困生专项计划，进入银行工作。

该同学找工作的整个过程可以说是有些心酸的，笔者也一直都在关注她的心理状态，但是笔者发现或许经历得多了，她反而越来越释然，在找工作面试的过程中也越来越自然大方，最后凭借认真的态度、优秀的临场表现赢得了 HR 的青睐，成功签约中国银行。

第四节　大学生就业精准服务之精准宣传篇

辅导员要当好国家政策的宣传员和就业信息的传递员，高校就业是国家民生工作的开展重点，每年国家和地方都会出台就业政策，进行就业工作部署，辅导员要认真学习领会、分类归纳、精准解读各类就业创业的政策措施，向学生做好就业指导政策的宣传解释工作，力促毕业生对政策服务应知尽知，避免走入就业择业的盲区、误区。辅导员作为用人单位和学生的纽带，在就业服务工作中要找准"两抓手"：一方面，要收集用人单位的资质信息和招聘需求；另一方面，要掌握学生的实际综合表现，做好双方信息的衔接、传递与匹配，利用新媒体平台为用人单位和毕业生提供高效优质的就业服务。

工作中，笔者认真学习党中央、国务院和地方促进大学生就业创业的各项政策措施，充分利用微信公众号等新媒体手段，向学生宣讲和传递各项就业创业政策。

根据毕业生求职需求，从学生就业季开始，在年级官方微信公众号先后推送《就业季写给大家的信》图文原创作品 7 篇，涵盖了就业形势分析、升学和调剂指导、就业日程安排、基层就业政策等多项内容，采用图表、漫画等学生喜闻乐见的方式分时段、分类别地推送给学生，实现毕业生对国家各项就业政策应知尽知。

此外，为了引导毕业生面向基层就业，疫情期间邀请往届面向基层就业的毕业生与正在求职的学生开展线上基层就业求职经验交流会，深入讲解"特岗教师""三支一扶""大学生志愿服务西部计划""大学生村官"等基层项目，从国家政策、福利待遇、岗位分配、工作内容等方面系统地为学生答疑解惑，引导部分学生到祖国最需要的地方追梦、逐梦、筑梦。

【案例 31】

1. 学生基本情况

姜同学，女，四川省华蓥市人，A 大学 D 学院法学专业 2016 届本科毕业生。2016 年 7 月—2017 年 6 月，在重庆市某区历史文化建设管理委员会担任大学生志愿服务西部计划志愿者，开展志愿服务工作，2017 年 6 月开始在四川省广安市某市团委工作，主要负责所在地大学生志愿服务西部计划志愿者招募和培训相关工作。

2. 就业精准宣传工作

自 2003 年起，团中央、教育部、财政部、人力资源社会保障部联合实施大学生志愿服务西部计划。西部计划每年招募一定数量的普通高等学校应届毕业生或在读研究生，到西部基层开展为期 1—3 年的志愿服务。

作为辅导员，我们要积极引导学生进一步坚定理想信念，响应国家号召，去西部、去基层，锤炼意志品格，帮助毕业生树立正确的就业观，为他们去西部、到基层做好相应的政策宣传。

毕竟参加西部计划的服务期不短，所以年级力争读懂弄透国家的文件，再向同学们做好宣讲工作。

姜同学已经在一个律师事务所实习了，但是实习中对用人单位不是很满意，她很想早日独立、不再依靠家里的经济支持，在年级多次宣传西部计划的过程中，其对西部计划产生了兴趣，希望能够参加志愿服务，未来有多种选择的可能。

年级为姜同学收集了往届高校西部计划的相关资料，尤其是申请资格的要求。在准备西部计划、支教保研等项目的申请时，保证材料的完整和准确是非常重要的，尤其是到了接近面试和筛选的时候，因为时间有限，许多同学忙中出错，容易出现纰漏，所以我们期望在本阶段达到的目标就是少出错甚至不出错。

从校园走入社会是所有毕业生必经的过程。无论本科毕业还是硕士研究生毕业，既然想要早日独立，就要排除杂念，用最好的状态去准备西部计划的申请和筛选，这样才能提高成功的概率。

我们根据姜同学的准备情况制订了一份备选方案。在指导学生就业工作时，作为辅导员，既要打"强心针"，也要打"镇定剂"。不能一股脑地鼓动学生往前冲，要告诉他们做出每个选择可能获得的回报和可能面对的风险。在姜同学准备西部计划的同时，继续在律所实习，没有放弃可能的工作机会。

幸运的是，在做了充足的准备工作后，姜同学成功实现了自己的职业目标，在重庆市某区历史文化建设管理委员会从事志愿服务工作。她说，在那里的工作很有意义，管委会的发展宗旨是"以文为魂、以文建城、以文聚商、以文兴旅"，短短十六个字涵盖了工作的方针和政策导向。"下半城"是重庆主城的最早雏形，是重庆人的根和源，作为下半城建设、振兴某区经济的参与者、亲历者，自己像一块海绵，不断在工作中吸收新知识、增长见识、获得提升。从一心想要"做点实事"的大学生，到如今对十八梯、东水门、湖广会馆等一处处风貌建设区的基本情况烂熟于心的工作人员，姜同学的知识储备来自于志愿服务的点滴积累，其真切地感受到了"振兴西部"的深刻内涵。

结束了在重庆市某区历史文化建设管理委员会近一年的志愿服务工作，2017年6月，姜同学顺利考入四川省共青团某市委，继续自己的职业轨迹。

2020年4月，正值新一届的大学生志愿服务西部计划招募公告发布，姜同学开始与师弟师妹分享她的服务故事和工作经历。通过她的讲述，师弟师妹了解到国家的大学生志愿服务西部计划政策真的是争取在政策上给予毕业生最大的支持，在她的影响下，又有不少师弟师妹加入了服务的队伍，去西部，去基层，让青春在奋斗中闪光！

【案例32】

1. 学生基本情况

刘同学，女，山西省大同市人，A大学D学院法学专业2020届本科毕业生，参加2020年大学生志愿服务西部计划，在重庆市某区人民政府开展志愿服务工作。刘同学在校期间学业成绩处于中等水平，也没有什么干部任职的经验。其性格内向，不善社交，在年级同学中存在感较低，毕业前夕一门心思扑在法律职业资格考试的准备上。因为备考时复习压力较大、自身没有及时调整心态，以及法律职业资格考试改革后主观题复习时间较短等诸多因素，刘同学没有通过2019年的法律职业资格考试主观题考试。因此，该生打算在家专心复习一年，2020年再次参加国家法律职业资格考试。了解到刘同学的情况后，笔者意识到其选择的专心备考路径不一定最适合她，过大的心理压力反而不利于其考场发挥。因此，笔者推荐其参加西部计划，而后一边工作一边备考，减轻其备考的心理负担。

2. 就业精准宣传工作

刘同学是典型的求职执着型学生，一心希望先通过法律职业资格考试，然后再参加工作。其实这种想法对于刘同学等没有通过法律职业资格考试的应届毕业生而言是不利的，毕竟专心再备考一年，若是通过了还好，但若是再次失利，其还会失去作为应届毕业生在毕业季的宝贵求职机会。除此之外，专心备考对于其个人而言，心理负担较重，长期如此，不仅会影响其应试发挥，并且对其身心发展也是不利的。

针对刘同学的问题，我们采取了与其谈心谈话、提供就业政策咨询等具体措施，使其对自身的毕业去向有更明确、更合适的方向。

在工作开展的过程中，我们总结出以下几点经验：

（1）谈心谈话，及时了解学生真实想法。临近毕业的学生，内心想法往往会因为个人情况不同而千差万别，而在此时没有形成正确想法的学生容易产生迷茫情绪，不能作出正确的毕业去向决定。作为毕业年级的辅导员老师，我们在此时应当通过一对一谈心谈话的方式及时了解学生的内心想法，并且与学生分析路径选择的优缺点，使学生直面自身问题，引导学生思考计划的可行性。在与刘同学谈话后，笔者为其分析了专心备考对其本人是否合适，此时刘同学也意识到用一年时间专门备考不一定适合自己，心理压力和负担较大，并且学习效率不一定高。也许是想着先为毕业后的自己找一条出路，刘同学产生了先找到工作，一边工作一边考的念头。在笔者看来，对于此时刘同学的现实状况和心理状况而言，这是比较适合她的方法。

（2）确定就业政策，提供求职路径。年级针对毕业年级学生制作了大学生志愿服务西部计划的主题推送，紧接着开展了大学生志愿服务西部计划宣讲，邀请参加过大学生志愿服务西部计划的学生为同学们讲解大学生志愿西部计划的国家政策，成为志愿者后从事的具体工作，国家的政策落实情况。参加完宣讲会，刘同学主动与我联系，表达想报名参加大学生志愿服务西部计划的意愿。

经过笔试、面试、体检等一系列流程后，刘同学终于如愿成为一名大学生志愿服务西部的志愿者，在重庆某区人民政府从事督查相关工作。她说："我的服务工作主要由两部分组成，一部分是服务单位所安排的日常工作，比如做政府工作台账，写政府工作信息等；另一部分是西部计划项目办安排的志愿活动，志愿活动可以根据自己的时间自愿参加。我的工作虽然很平淡，也很平凡，但是我感觉很充实，也是成为一名西部计划志愿者之后，我才真正理解了'用一年不长的时间，做一件终生难忘的事'的内涵。我觉得工作之后学习的压力有所缓解，利用下班的时间和周末来学习，学习效率比疫情期间在家学习高了不少。对我来说，一边工作一边复习比在家里一个人备考的状态好得多，今年也顺利通过了国家法律职业资格考试。"

【案例33】

1. 学生基本情况

王同学，男，福建省泉州市人，A大学D学院法学专业2020届本科毕业生，参加2020年大学生志愿服务西部计划研究生支教团，目前在重庆市巫溪县某镇中心小学开展支教服务。

2. 就业精准宣传工作

王同学毕业后准备参加研究生升学考试，有两个方面的考虑。一方面，王同学未来的职业规划是毕业后参加福建省统一举行的公务员招录考试，成为一名国家机关工作人员，但是这几年福建省公务员统一招录考试要求具备硕士研究生学历、学位才能报考，所以王同学需要继续升学才能实现个人职业目标。另一方面，王同学认为本科四年的学习还不够深入，希望继续探索学术之路，提升个人专业素质。王同学曾表示他准备考取外校的硕士研究生，在与他的交流中笔者发现他的备考压力相当大，他准备的是一所名校的法律硕士考试，且同时在准备法律职业资格考试，时间非常紧张，王同学对自己的要求和期待较高，随着考试的临近，因害怕升学失利产生了巨大的心理压力。

经过一系列谈心谈话及研究生支教团的介绍宣传，王同学发现这是一条相较于考研更适合自己的毕业出路。于是，他开始尝试准备研究生支教团选拔考试，成为中国志愿者扶贫接力计划研究生支教团中的一员，如果顺利入选，将赴贫困地区的中小学进行为期一年的支教工作，之后攻读 A 大学 B 学院硕士研究生。针对王同学的情况，笔者主要做了以下工作：

（1）从实际出发，让学生慎重选择。王同学属于求职固执型学生，一心想通过研究生和法律职业资格考试双重考试，其风险和压力很大。对于王同学这种情况，笔者认为其选择的专心备考路径不一定最适合他，过大的心理压力也不利于其考场发挥，且结合他的就业意向，并非只有考研这一条路可走。笔者发现他的情况很符合我校研究生支教团的条件，于是向他介绍了中国志愿者扶贫接力计划研究生支教团的有关情况。入围支教团之后，支教团成员在大四这一学年会被分配到学校职能部门顶岗锻炼，从事学生助理工作。在这一年中，校团委会围绕思想政治、教学技能、志愿服务等板块的内容对支教团成员进行技能培训。毕业之后，支教团会到重庆市偏远乡镇地区开展为期一年的支教活动，深入中西部基层教育，奉献自己的青春力量。完成一年的考核之后，继续回学校攻读研究生。支教团的安排与王同学就业意向十分契合。因此，笔者推荐其参加该支教团的面试，在支教一年后攻读我校硕士研究生，这条路同样符合他毕业后的就业意向，条条大路通罗马，选择这条路的风险更小、更适合他的实际情况。

（2）精准定位，科学引导。学生在择业时很容易遇到一门心思走一条路的情况，作为毕业年级的辅导员，可以通过交流的方式理性分析学生就业的多种可能，科学引导学生走一条最适合自身的路。王同学多次获得综合奖学金，积极参加各项训赛，积极向党组织靠拢并取得党课结业证书。同时，他待人真诚，乐于助人，有许多参加志愿活动的经历，志愿者服务时长高达100余小时。在交流过程中笔者曾了解到他对于支教还有一种憧憬，因他从乡村小学走出来，深知乡村教育资源的匮乏。且在现实条件下，双重备考的压力过大且风险较高。王同学的种种情况表明，在参加面试条件、支教动机、现实压力、就业意向四个因素相加的情况下，中国志愿者扶贫接力计划研究生支教团无疑是最适合他的一条通往"罗马"之路。

（3）适应转变，及时疏导。求职就业之路可能与规划设想之路不尽相同。当机会来临的时候，我们可以引导学生紧紧把握就业机会，不抛弃不放弃，让学生多一种可能，多一条通往"罗马"之路。在这个过程中，需要学生快速适应就业身份的转变，这个过程可能伴随后了解的阵痛，作为毕业年级的辅导员，我们应及时疏导心理，充实就业信息，帮其树立自信，奠定心理基础以做好就业的准备。王同学在准备支教团选拔时，面临准备时间不充分，心理不自信的情况。笔者不断鼓励他，支教团选拔条件十分严格，能进入选拔之人较少，因此竞争对手不多，做好自己才是取胜的关键。年级安排了有经验的学生分享面试经验，并安排王同学参与无领导小组模拟面试，让其做到脑中有知识、心中有底气，越过心理这一关，做好选拔准备。

不论考研还是支教团皆为就业之"道"，圆了王同学的升学之"梦"。王同学说："在准备考研和法律职业资格考试的期间，我的精神压力十分大，中国志愿者扶贫接力计划研究生支教团让我看到了实现就业目标的另一种可能。"通过选拔之后，王同学在校党委学工部思想政治教育科担任学生助理，主要负责日常资料收集、微信公众号编辑等工作，并接受了试讲培训。一年后，王同学奔赴重庆市巫溪县支教，他说："再次走进大山，让更多的人走出大山，不仅实现了我的梦想，也和我的长远就业目标相契合，在支教的过程中，我收获了很多，与孩子们在一起的时光我感到很快乐。一年后，我期待再次回到母校，与老师重聚，我离自己未来的职业目标又近了一步。"

【案例 34】

1. 学生基本情况

岳同学，女，河北省廊坊市人，A 大学 D 学院法学专业 2016 届本科毕业生，现就职于河北省某市区委办公室，主要从事督查工作。岳同学家庭经济条件较好，来自家中的压力较小。其在校期间认真学习，学业成绩也处于年级前列，同时在院学生会担任学生干部，整体表现较为优秀。

岳同学是一个很有想法的人，其在本科期间就确定了毕业后作为选调生参加工作的目标，并为此做了一系列的准备工作。因此笔者针对该目标定期与其保持联系，掌握学习动态和准备进展，并根据实际情况帮助其做出调整。在交流的过程中，笔者发现岳同学存在精力分配不够科学、没有备用的计划等问题，这导致其在就业过程中对风险的承担能力非常低。

2. 就业精准宣传工作

根据学生的性格特征、综合表现以及家庭背景，笔者将岳同学确定为就业精准宣传对象，旨在通过就业指导、信息沟通、就业技能培训等方式，帮助岳同学在求职之路上择良木而栖，找到一份合适、满意的工作。作为年级的辅导员，长期的学生工作让笔者对岳同学的情况有充分的了解，同时她对自己也有清晰的规划和反思，这使得帮扶的工作能够最后达到比较好的效果。

（1）重视就业指导的后续跟进工作。就业指导要想得到良好的结果，就必须在指导的过程中定期与学生沟通，掌握学生的动态，根据对方的意愿、性格特征等做出调整。把握对方在一系列指导之后是否有所提升，在哪些方面还存在着不足，再有针对性地根据不够完善的方面提供进一步的帮助，避免在学生已经掌握的能力方面重复做无用功。在后续的跟进工作中，还要及时把握帮扶对象的心理状况，为出现焦躁、抑郁等不良情绪的同学安排心理疏导。

（2）完善就业计划，提前规划最坏打算。岳同学虽然最开始目标比较明确，但其实对于要怎么去做并没有一个清晰的规划。在笔者的建议下，岳同学首先静下心去寻求曾经参加选调的师兄师姐的指导，看各种经验帖，再结合自己的情况制订了一个基本的计划。在之后她也时常与笔者保持联系，笔者询问其计划的实施效果和进度并帮助其对就业计划的内容进一步完善。在一个很有条理的计划里岳同学的准备工作也进行得更加轻松。笔者对岳同学提出了两点建议：一是在准备选调的过程中不要落下毕业季课程的学习，避免因为意外情况导致计划不能顺利实施；二是要做好没有考上的打算，为自己规划好之后的方向。此外，由于选调生的性质，帮助其找到合适的就业地和岗位也很重要。根据近几年来河北省在我校招录选调生的情况，我校作为河北省招录选调生的重点院校有很大的优势，因此笔者推荐其参加河北省选调生定向招录，岳同学在深思熟虑之后也认为这是一个很好的选择。此后，笔者让岳同学参加了就业能力培训讲座以及面试技巧讲习辅导课等活动，对其求职能力欠缺的方面进行了补足，使其掌握了面试和笔试的技巧。

（3）重视就业技能培训在求职过程当中的重要性。很多同学在求职的过程中表现得胆怯、畏缩，虽然有一身的本领，但是在面试当中却没有充分表现出来，没有展示出自己的最优秀的一面，从而导致与心仪的工作失之交臂，令人惋惜。归根结底，其实就在于这些同学虽然有不错的专业技能，但却忽视了求职技能的训练，在求职的过程中不能把握住用人单位的要求，不知道在面试的时候应该说什么、如何穿着、简历如何制作等，这些方面的重要性在求职的过程中并不亚于专业知识的积累。在对岳同学的就业指导过程中，笔者对她的简历进行了多次指导修改，从形式上应该如何排版到内容上应该展现哪些方面进行了系统的梳理。此外，笔者还组织了面试技巧培训班和面试着装礼仪培训班等针对性极强的就业指导班。岳同学在参加了一系列培训之后在简历制作和面试技巧等方面取得了很大的进步，并在实际的面试过程中获得了不错的成绩。在一番努力之后岳同学如愿以偿地考上了河北省的选调生，并在2016年7月底被分配到某市区委办公室从事督查工作。

暑假期间，岳同学向笔者致电表达了感谢。通过交谈，笔者了解到她很快适应了新的生活和工作节奏，从她的言辞中笔者可以感受到她对自己工作的满意，并且充满了干劲。回顾整个就业帮扶的历程，其实老师和学生一样紧张，希望学生能够发挥出百分之百的实力，求职成功。从结果来看，岳同学找到的工作是令人满意的，笔者也很欣慰，这也许就是作为老师在这个工作中所寻求的意义吧。祝愿她在未来的工作和生活当中扬帆起航，乘风破浪，勇敢前行！

关于求职技巧的反馈，岳同学是这样说的："因为害怕笔试成绩无法通过或是在面试的时候面试官提出的问题无法解答，所以我比较紧张，生怕在专业知识上面吃亏，所以我最开始将重心都在专业知识的准备上，忽略了求职技能的掌握。后来在张老师的建议下我参加了一系列求职技能培训，发现原来在求职的过程中还有这么多学问，才知道原来一份好的简历在求职的过程中的重要性。不难想象，如果没有经过这一系列的求职技能培训，那么我在面试的时候的表现一定不会有这样的效果。河北选调生笔试和面试的时间安排是比较紧张的，笔试和面试中间只隔了一天。在笔试之后整个人很疲惫，这种时候如果要临场发挥其实很难展现出一个比较好的状态。如果没有充分的准备，那么在面试过程中一定会比别人差上一截。"

第五节　大学生就业精准服务之精准帮扶篇

辅导员根据本科四年家庭经济困难认定结果、少数民族学生名单、残疾毕业生名单，结合"一生一档"成长手册中记录的学生成长轨迹，综合评估后确定年级就业困难学生名单，建立就业困难学生帮扶台账。台账包括就业困难学生的基本情况、学习情况、社会实践情况、就业需求、帮扶措施、就业动态等内容，结合每位学生的实际情况和求职需求，为就业困难学生提供求职专项补贴。

为了减轻就业困难学生的求职心理压力，建立帮扶教师与就业困难学生每月谈心谈话制度，关注学生求职的心理状态，力争使就业困难学生早日实现就业。

一、精准识别就业困难学生

（一）建立就业帮扶台账

构建学校、学院、年级三级一对一精准帮扶体制，做到精准识别，精准帮扶，精准发力。辅导员通过日常教育管理、经济困难认定、谈心谈话等工作，在充分了解学生情况的基础上，以学生在校表现、家庭基本情况、学业情况、个人性格等为依据，确立就业帮扶学生名单，建立就业帮扶台账。就业困难大学生大致分为经济困难毕业生、就业能力困难毕业生、就业生理困难毕业生、就业心理困难毕业生这四类。学院为就业帮扶台账列明的就业困难学生配备一对一帮扶教师，由帮扶教师对学生进行简历深度辅导、面试指导，为每一位就业困难学生建立就业困难学生成长档案，详细记录求职经历，总结求职经验和教训，为下一步的就业帮扶服务提供可参考的信息。就业困难学生担任所在班级的就业联络员，第一时间获得就业招聘信息和免费就业面试技能培训讲座信息，鼓励其参加社会招聘面试和免费就业面试培训。

（二）精准识别就业困难学生的案例

【案例35】

1. 学生基本情况

张同学，女，广东省揭阳市人，A大学D学院法学专业学生，现就职于某知名律师事务所珠海分所。该生大四时，笔者从班干部处侧面了解到，其家庭经济状况不好，家中有四个孩子，均在学习阶段，学习费用支出较大，家庭负担沉重，该生父母均无固定生活来源，靠务农维持。但该生性格要强，因为担心申请经济困难认定，同学们会瞧不起她，因此大学四年未申请过任何资助。张同学深知自己家中经济状况不好，早早地定下了毕业挣钱养家的计划，她希望自己可以进入律所工作，在本科期间有意识地培养自身的法学思维以及法律实务能力，个人职业定位是十分清晰的。

根据日常教育管理、经济困难认定、谈心谈话等工作，结合

"一生一档"成长手册中记录的成长轨迹，张同学的情况既符合经济困难毕业生的情况，又符合就业能力困难毕业生的情况，笔者将她纳入就业帮扶名单，建立就业困难帮扶台账。

2. 就业精准帮扶工作

将张同学确定为就业困难帮扶对象后，笔者一直密切关注其求职情况，并针对其个人情况开展了一些工作，主要包括以下几个方面：

（1）发放求职补贴。作为张同学的一对一帮扶教师，笔者每个月都会联系张同学进行谈心谈话，密切关注张同学在生活上、学习上的需求。在准备法律职业资格考试期间，学院通过求职补贴的形式给张同学发放了专项补贴，报销其复习所用书籍。出于不打扰她学习的考虑，在复习的冲刺阶段，笔者一般只在QQ上给她发信息简单了解一下她近期的心理情况以及学习和生活上的需求。一分耕耘一分收获，经过张同学的努力，其客观题取得了优异的成绩。

（2）求职心理支持。在客观题成绩出来后，张同学陷入了纠结，她产生了考研的想法。张同学主动来到办公室跟笔者讲述她内心的想法。她打算考研是基于两个原因：第一，她觉得本科学历不利于未来的职业发展；第二，客观题的成绩还算不错，考研还是有一定的基础。对于张同学的想法，笔者并不赞同。第一，张同学一开始拟订的计划，就不是法律职业资格考试、考研一起准备，现在突然改弦易张，时间上恐怕来不及；第二，基于笔者对张同学本科期间学习情况的了解，她的英语水平一般，在没有长时间提升英语水平的情况下，张同学折戟沉沙的可能性偏大；第三，张同学的家中经济情况堪忧，如果张同学攻读研究生，即使学费贷款、生活费靠勤工俭学，但是读书的这三年仍是她的经济收入空窗期。所以，最后笔者建议张同学，达到事业瓶颈需要学历提升的时候再考研。张同学思索了一番，放弃了考研的想法，决定全身心地准备法律职业资格考试主观题。然而，张同学的主观题最后没有通过。有的时候就是这样，越是在乎，就越是紧张，就越是天不遂人愿，这关乎个人的实力，也关乎个人的心态。笔者从张同学那里了解到，她下定决心不考研只准备法考主观题之后，一直担心工作问题。所以在主观题的备考期间，她也着手找工作，投了许多简历，也面试了很多次，全都没有通过，这让她很沮丧，备受打击。在主观题考试的时候，她非常紧张担心通不过以后找不到工作，完全没有了客观题考试时的从容不迫，最终导致了主观题发挥失常。笔者告诉她，没有通过法律职业资格考试的同学也可以找到很好的工作，何况她只是主观题没有通过。考研不是唯一的选择，而且对于她来说也不是最好的选择。笔者希望她能够勇敢地面对现实。

（3）提升求职技能。笔者认真地分析了张同学前面找工作的经历，有针对性地给她提出了一些建议。第一，注重简历的制作。一份精美有针对性的简历，有助于敲开面试的大门。笔者让她加入了简历制作的培训小组，经过几次修改后，她的简历趋于完美。第二，注重面试技巧。简历是求职的第一关，是静态的，可以无数次地打磨，甚至可以让别人操刀，但是面试是动态的，需要自己在场上的即时反应。面试是需要有针对性的训练的。第一步，是态度问题。在面试一家单位之前一定要进行一个求职调查，了解求职单位的背景、人才需求、人才培养，要让单位感受到求职者的诚意。第二步，是职业规划问题。要有清晰的职业规划，要让单位懂你，同时意识到你的上进心，以及你可以为单位创造的价值。第三步，是求职礼仪的问题。求职的时候着装要大方得体，语言要有理有据，说话要不卑不亢。对于张同学的求职服装费用，年级也对其进行全额报销。

最后，张同学面试成功了两家律师事务所，并选择入职了其中一家。

二、力争精准资助

（一）预算专项经费，进行专项补贴

按照重庆市的相关就业工作帮扶要求，要帮助就业困难学生申领重庆市就业困难学生求职创业补贴。为进一步缓解学生求职经济负担，学院在重庆市对就业困难学生已经发放求职创业补贴的基础上，再次发放求职补贴，补贴项目包括就业交通补贴、求职正装补贴、求职住宿费用补贴、求职话费补贴。2020 年，学院共计向就业困难学生发放求职补贴四万余元。

（二）就业困难学生精准资助案例

【案例 36】

1. 学生基本情况

吴同学，女，重庆市涪陵区人，A 大学 D 学院法学专业 2020届本科毕业生，现就职于重庆市渝中区某课外培训学校。吴同学家庭经济条件差，每次找工作的交通费负担都是个大问题。父母离异后，其归父亲抚养，父亲不愿承担其找工作所需费用，母亲靠打工维持生计，还要抚养一个年幼的弟弟，也无法给她经济上的支持。

2. 就业精准帮扶工作情况介绍

吴同学这样的情况比较少见，在毕业季中找工作是需要成本投入的，不论是购买正装，还是交通费，都需要一定的经济支持。

对平常的同学来说，家里肯定全力支持，但是吴同学的家庭情况太特殊，只有先帮她解决经济问题，才能让她从容走上求职之路。

吴同学需要买一套像样的正装，笔者建议其先买，并告诉他月末求职补贴就会打到她的卡上。笔者鼓励她一定要多去尝试，路费和住宿费的问题不要担心，笔者向学院申请，一定帮其解决。

吴同学说："我是一个情绪很容易受到影响的人。经济压力大的时候觉得命运不济，有时候想认命，但是我想如果我不努力，以后我的孩子也只有认命吗？既然学校、学院和年级的老师都这么关心我，我尽自己最大的努力，去求职去历练去闯荡，相信未来还有希望。在老师给我分享的各种招聘信息中，我去参加了重庆市渝中区某课外培训学校的面试，由于我本科院校不错，再加上我是本地人也想留在重庆发展，我顺利地通过了面试，拿到了Offer。"

吴同学后来告诉笔者："我决定去这家公司，最重要考虑的是公司的待遇不错，想先解决吃饭问题，再进一步谋求未来的发展，能够通过自己的诚实劳动养活自己，我相信我能在这个城市立足。"

三、重建求职信心

通过校园活动、感恩教育、社会实践等形式，培养就业困难学生吃苦耐劳、脚踏实地的品格，锤炼诚实守信、不向命运屈服的精神。面对就业困难的大学生，通过心理辅导、心理热线在他们求职的路上给予支持和关怀，提高其自我调适能力，给他们信心和勇气，帮助他们勇于迈出求职的步伐，通过顺利就业，帮助家庭早日走出困境。受新冠肺炎疫情的影响，2020 年的就业形势愈发严峻，学生较以往面临更大的就业压力，就业困难学生尤甚。为了减轻就业困难学生的心理压力，使其更加自信从容地求职应聘，年级在向学生推送就业信息的同时，关注学生的心理健康状况，辅导员不定时对学生进行线上一对一心理疏导，促进学生的顺利就业。

【案例37】

1. 学生基本情况

郑同学，重庆人沙坪坝区人，A大学D学院法学专业2020届本科毕业生，现就职于某知名建设工程集团有限公司。郑同学行动力很强，主动参加校园招聘，但求职心切，盲目投简历，缺乏求职技巧，面试结果不如意，很多次进入终面但均未成功。求职屡屡碰壁不仅打击了郑同学的自信心，也让其迷失了前进的方向。

2. 重建求职信心

在对郑同学进行就业帮扶的工作的过程中，笔者的经验是积极关心和鼓励学生，帮助学生坚定求职信念。郑同学在屡次面试碰壁之后有过一段消极期，不想出门，觉得自己没脸见人。经过笔者多次的开导与鼓励，郑同学才重拾勇气，继续求职。郑同学说，那段时间真的可以说是他大学里最自闭的一段时间，本来就很自卑，面试又老是碰壁，每次家人打电话过来关心其求职情况，都只能强忍着眼泪说还好，真的就很想每天蜷缩在被窝里，不想出门。

郑同学在求职的初期是很盲目的，试图通过海投来增加通过面试的概率。笔者告诉他，参加招聘单位来校的宣讲会现场递交简历或者参加高校举办的双选会投递简历，获得的面试机会应该多一些。公司宣讲完后提交简历，起码HR会以10秒一个人的速度迅速挑出过关的简历，但是在网上投递，可能HR忙的时候连邮件都懒得看。经过指导，郑同学对投递简历和找工作有了大致的方向和概念，准时参加招聘单位来校的宣讲会，还去重庆市其他高校举办的双选会寻找工作机会。

郑同学性格较内向，语言表达能力较差，面试中怯场，在慌乱中不能很好地整理思路、清晰地表达个人观点。笔者要求郑同学反复背诵自我介绍，达到烂熟于心的程度，常见的面试题目反复训练。郑同学逐渐熟悉了面试场面，克服了紧张情绪，掌握了面试技巧，面对面试官的问题不再怯场，能够清晰、流利地表达观点。最终，郑同学在重庆大学2020届双选会现场收获了 Offer。

郑同学说："刚开始模拟面试时，我真的对这种正式的场面和考官提问感到怯场和无法回答，但是在几次模拟面试后我已经克服了这些问题。首先需要准备一段3分钟的自我介绍，其次了解你应聘公司的企业文化、主要业务、入职后具体工作内容等。这些内容 HR 不会直接问你，但是后续的面试问题都会涉及。最后，调整心态，保持冷静，其实 HR 很多时候问你的问题他们自己都未必清楚，只是为了看你的抗压能力以及能否在高压环境下保持冷静、厘清自己思路。把自己能清楚明白回答的部分回答完就行。"郑同学毕业后进入某知名建设工程集团有限公司工作，主要负责公司行政后勤、法务工作，朝着人生的下一个目标进发。

四、提升就业技能

(一) 做好就业指导

帮助就业困难学生正确认识严峻的就业形势，让学生认清职业发展方向、个人职业定位，再开始求职之路。通过组织就业困难学生参加简历制作大赛、模拟招聘大赛、求职技巧训练营等活动，帮助其树立求职信心。我们在进行就业帮扶时发现就业困难学生在简历制作、面试能力上存在较多不足，我们就与校外专业培训机构进行合作，邀请资深 HR 为就业困难学生提供简历一对一辅导和面试技巧指导。

（二）帮助就业困难学生提升就业技能的案例

【案例 38】

1. 学生基本情况

欧同学，男，贵州毕节人，A 大学 D 学院法学专业 2016 届本科毕业生。其家庭经济困难，靠父母务农获取微薄收入以支持家庭日常开支及其学习费用。父母希望他考公务员，所以他基本没参加过学校的招聘会和校外的招聘，心思全在准备公务员考试上。笔者多次联系他，希望其准备公务员考试的同时，抽空参加一些招聘会，多积累面试经验，这对他参加公务员面试也会有帮助。但是由于该生家里坚持让他考公务员，他自己也希望能顺利考上公务员，根本听不进去笔者的建议。2016 年 4 月，在贵州省公务员招考结束后，笔者主动找他谈话，了解到其考试情况并不理想。在交谈的过程中，笔者发现他面临着职业选择纠结、简历制作技巧缺乏、面试经验不足等诸多困扰。针对上述情况，首先，笔者要求他抓紧时间购买正装，学院将通过求职补贴的形式报销正装费用，减轻其经济负担；其次，推荐其参加年级的就业训练营，提升求职技能；最后，要求其认真准备年级的模拟面试，提升面试能力。2016 年 5 月，欧同学终于克服种种困难，寻求到一份满意的工作，成为某知名中药有限公司的管理培训生。

因为家庭期望和学生自身对就业形势认识不足，该生对职业定位较死板，一心想成为公务员，不考虑研究生升学或者到国企、私企以及律所工作。欧同学对公务员的执着造成其求职面较窄，在公务员考试形势逐年严峻、竞争逐年激烈的情形下，这种规划不利于其顺利就业。

2. 提升就业技能

在参加简历培训课程时，笔者要求欧同学在课前制作好简历，带着简历来到课堂，及时发现简历存在的问题。课程结束后，笔者和授课老师一起对欧同学的简历进行指导，从制作技巧、职位匹配、投简礼仪等方面给出意见建议，指导其修改完善简历。通过反复修改简历，学生的主动性充分被调动起来，培训效果立竿见影。每次模拟面试结束后，笔者都要求欧同学对自己的面试表现进行评价，平时多去网上浏览面试经验帖，主动思考提升面试技能的方法和技巧。通过发挥主观能动性，从"被动参与"变为"主动参与"，欧同学进步很快，面试能力显著提高。欧同学自己也感到惊喜，原本他认为培训只会是烦琐且累人的，不曾想到，经历培训后，却发现原来这种培训值得期待，值得参加，自己受益匪浅。培训老师从简历模板、制作技巧以及投简礼仪等多方面帮助该生完善简历。对他个人来说印象最深刻的是总结个人优点部分，"不是没有优点，只是你不会发掘优点"。欧同学通过发掘自身的闪光点，并将其完善至简历中，坚持职位匹配原则，以往简历投过去石沉大海，但修改简历后，面试概率增大了。

笔者将欧同学放到面向企业求职的学习小组，开展模拟面试。针对企业招聘，我们多采用结构化或半结构化面试，训练题目以国企和世界500强企业面试真题为主，改变传统就业指导广撒网的模式，从"大水漫灌"改变为"精准滴灌"，根据企业的面试形式和要求，重点对欧同学进行训练，提高了培训的针对性。

欧同学参加培训后的反馈："原来面试是可以准备的，虽说面试官不同，但很多问题都大同小异，不同时长的自我介绍、规范的着装、自信的精神气貌、语言简洁有逻辑等将会给你的面试加分不少。实践出真知，模拟面试是就业培训中必不可少的一部分，每周参加模拟面试，严肃的现场、紧张的气氛让我身临其境。在这里，我和大家一起展示和分享面试过程中遇见的问题与经验。相互间的询问与建议也让我渐渐自信起来，不同的思维方式拓展了大家的思维能力，增强了面试应变能力。只有去做，才知道自身的不足；只有去练，才能改变自身的缺陷。几个志同道合的朋友，求职过程中跌跌撞撞，相互鼓励，相互建议，别有一番滋味在心头，事后想起，却是一份美好的回忆。在这里，我收获众多，感谢张老师，感谢一起并肩战斗的战友！事常与人违，事总在人为。机遇只留给有准备的人，去尝试、去坚持，终会成功！"

转眼，欧同学已毕业五年，其已成长为所在公司某子公司的行政副总监，负责公司法律事务、政府事务工作，毕业这五年是职业发展的关键期，能感受到他发展得非常好，人生大有希望！

五、精准帮扶，减少"慢就业"

就业困难学生本身在就业市场上竞争力就相对较弱，如果在大四这一年未实现顺利就业，或者会因无路可走转而选择考研，延缓就业压力，或者就会继续考公务员，加重家庭的经济负担。只有在精准帮扶的路上，一个也不落下，一个也不掉队，力争全部就业，才能有效减少"慢就业"学生人数。

【案例39】

1. 学生基本情况

陈同学，男，重庆市永川区人，A大学D学院法学专业学生，现就职于中国某建设工程有限公司。其家庭经济困难，年幼时父母离异并跟随父亲生活，学费及生活费全靠父亲微薄的退休工资支撑。父亲被诊断为口腔癌晚期，后因医治无效去世，家庭经济雪上加霜，入不敷出。该生母亲没有稳定工作，靠做一些小生意维持生活，并且因积劳成疾常年服药，身体状况很差。

陈同学在校期间的学习、生活费用主要依靠生源地助学贷款、亲戚资助、课余时间兼职收入。他在关键时刻选择放弃参加国家法律职业资格考试，后来又特别后悔这个决定；他想考研却发现无法坚持看书；准备找工作，结果简历投了无数次，连面试的机会都没有获得，求职多次被拒，信心全无。受到求职打击的陈同学，想放弃找工作，计划第二年准备法律职业资格考试，然后继续考研。该生学习成绩较差，即使参加国家法律职业考试，通过的概率也不大；考研如此残酷的竞争，其在第一年都无法坚持下来，第二年基本没有可能考上。只有抓住黄金秋招季，努力搏一搏，可能还有希望。可以预判，如果学生毕业前没有找到满意的工作，就会加入"慢就业"群体，其经济负担会进一步增加。

2. 就业精准帮扶工作开展情况

将陈同学确定为就业困难帮扶对象后，笔者一直密切关注他的求职情况，开展了以下工作：

（1）树立求职信心。他表示，求职失败的经历让他对找工作丧失了信心，后悔自己没有参加法律职业资格考试，想重新再来，先备战法律职业资格考试再准备考研。但是，这一选择的背后，更多的是想缓解就业压力。笔者根据他在大学期间学业上的一些表现，结合法律职业资格考试、考研和公务员考试的通过率，与他展开了深入的交流。笔者支持他继续找工作，相信他能找到工作，但他没有信心，当时笔者跟他说："这样吧，我们做个约定，你再认真找一个月的工作，如果还没找到，我就支持你的决定。"他点头答应。

（2）精准剖析面试失败原因。为了帮助陈同学更好更快地实现就业，笔者重点引导他深入分析以往面试失败的原因，并就此提出一些解决办法。首先进行的是简历的深度辅导。打开他的简历，一张大头照片令人印象深刻。简历上放着一张占满整个照片框的大脸照，配着松垮垮的红 T 恤，整个简历上只有寥寥几行文字，这样一份简历在面试中如何能得到 HR 的青睐？笔者让其重新拍摄一组证件照放在简历上。随后，针对他简历上每一板块的内容进行了较为详细的修改，大到整个简历的色调、版面的编排，小到文字的使用。经过指导，陈同学拥有了一份基本合格的简历，又燃起了求职的希望。紧接着，笔者又对他进行了一对一的面试指导。在面试指导的过程中，笔者发现陈同学主要存在面试紧张、准备不足、不善于表达等问题，针对这些问题，笔者对其进行了单独的培训和练习，他进步较大。

（3）申请求职补贴。除了简历，求职者能否在面试环节给考官留下良好的印象也是决定求职能否成功的关键因素。因此，笔者专门向学院申请了毕业生求职补贴，让陈同学利用这笔费用购买正装，重新拍摄正装照，穿着正式的服装参加招聘单位的面试；并让其用剩余的援助资金去理发，打造出让面试官满意的、充满精气神的个人形象。与此同时，年级考虑到其家庭经济状况，贴心地为其报销面试的交通费用，尽最大能力为其减轻经济负担，使其无后顾之忧地专心求职。

（4）深入跟进求职面试情况。因为建筑类国企招聘的法务人员需要长期驻扎在工地，工作环境较为艰苦，所以企业在招聘时一般不会将"通过国家统一法律职业资格考试"作为硬性的招聘要求。考虑到男生在此类国企招聘中比较有优势,虽然陈同学没有取得国家统一法律职业资格,但是笔者建议他可以尝试应聘建筑类的国企法务岗位。经过考虑,陈同学接受了笔者的建议,开始调整自己求职的方向。笔者了解到许多国企在重庆站的招生工作主要是在重庆大学进行,因此,笔者便鼓励陈同学再努把力,去重庆大学的双选会碰碰运气。虽然,基础薄弱导致陈同学当时没能找到心仪的工作,但是同年级另一名就业困难的同学求职成功的经历也极大地影响了陈同学,更加激起了他的"胜负欲"。终于,皇天不负有心人,经过陈同学的不懈努力,在西南大学双选会上,中国某建设工程有限公司的 HR 被他的坚持所感动(他曾在重庆大学双选会上面试过陈同学,当时没有发给陈同学 Offer),最终该建设工程有限公司录用了陈同学。

第七章

用好新媒体，助力就业精准服务

全国教育大会结束后，《光明日报》评论指出，我们的高校是党领导下的高校，是中国特色社会主义高校，必须全面贯彻党的教育方针，用习近平新时代中国特色社会主义思想铸魂育人，培养德智体美劳全面发展的社会主义建设者和接班人。实践深刻表明，思想政治工作是学校各项工作的生命线，各级党委、各级教育主管部门、学校党组织都必须将这一生命线紧紧抓在手上。

十年树木，百年树人。育人事业，功在当代，利在千秋。立德树人和铸魂育人是辅导员的光荣使命。教育部发布的《普通高等学校辅导员队伍建设规定》第五条明确规定了辅导员的主要工作职责，其中将"网络思想政治教育""职业规划和就业创业指导"作为辅导员的工作职责。

第一节 建立新媒体平台，培养用户黏性

《教育部关于做好 2016 届全国普通高等学校毕业生就业创业工作的通知》明确要求，各地各高校要认真学习领会、分类归纳、精准解读国务院文件精神和中央部门、地方促进就业创业的政策措施。要建立教育部门、高校、院系、班级四级联动的政策宣传网络，学校领导、院系领导、辅导员、班主任都要主动宣讲就业创业政策。要充分利用微博、微信等新媒体，采用图表、动漫等方式，根据毕业生求职需求，分时段、分类别推送基层就业、自主创业、参军入伍、困难帮扶等政策措施，让政策宣传接地气、见实效。

在互联网高度发达的今天，微信公众号已成为高校网络思想政治教育和日常教育管理工作的重要载体。新时代思想政治教育工作要与时俱进，要充分利用新媒体平台，运用通俗易懂、为毕业生喜闻乐见的语言编辑相关政策，开展多形式、多渠道、全方位的就业政策立体宣传，方便毕业生查询就业政策，确保毕业生看得懂就业政策、记得住就业政策、用得好就业政策，拓展思想政治教育教育渠道，助力大学生就业。

教育的首要问题是培养什么人，这是关乎教育的目的和意义的问题。A 大学 D 学院年级微信公众号"扬帆启航工作室"以立德树人为指导思想，通过不断探索，逐步形成了"1 + 2 + 3"的工作思路。

这里的"1"是指"一个中心"。扬帆启航工作室围绕"立德树人，文化育人，引领学生学习和践行社会主义核心价值观"这一中心开展工作，用习近平新时代中国特色社会主义思想铸

魂育人。

这里的"2"是指"两个主体"。扬帆启航工作室依托辅导员和学生典型两个重要主体,将辅导员的思想引领作用和学生典型的朋辈示范作用相结合,搭建师生之间互动交流平台,创新师生交流途径。

这里的"3"是指"三大板块"。扬帆启航工作室开设了"年级驿站""飞鸽传书""信使特写"三大板块:"年级驿站"是发布年级、团总支部、党支部工作动态的窗口,"飞鸽传书"是推送辅导员育人工作系列文章的平台,"信使特写"则是展示学生模范和共享师兄师姐求职经验的渠道。

经过五年的平台建设,扬帆启航工作室将网络文化育人功能落到实处。立足本年级思政工作实践,通过辅导员、师兄师姐、学生模范三个教育维度,引领学生积极培育和践行社会主义核心价值观,扬帆启航工作室逐步成长为有高度、有温度、有力度的网络思政教育平台。

总的来说,扬帆启航工作室公众号在团队建设、专栏打造和多平台融合互动方面均有良好收效,主要表现在以下几个方面。

第一,扬帆启航工作室团队建设较为完善,运行机制较为健全。依托年级宣传干部队伍,运营团队每学期开展成员技能培训工作,保证核心成员能够用熟练掌握公众号的文章编辑、音频视频的剪辑处理等各项专业技能。

第二,扬帆启航工作室的关注人数稳定,推送的文章丰富。自 2016 年 10 月 8 日开通以来,扬帆启航工作室公众号累计关注人数达 1107 人,已覆盖年级全体学生和众多学生家长;截至 2021 年 2 月 8 日,累计推送图文 360 篇。包括思想引领系列文章 216 篇,党支部建设系列文章 58 篇,班团建设系列文章 19 篇,安全教育系列文章 15 篇，心理危机预防系列文章 7 篇，其他网络育人原创作品 45 篇，图文累计阅读量 306516 次。

扬帆启航工作室定期对图文阅读量进行分析，打造了"语重心长""薪火相传""行政法出彩人"等精品专栏，使公众号在学生中的影响力进一步提升，培养用户黏性，形成用户依赖。

第三，扬帆启航工作室重视多平台融合，注重与校内外各官方微信公众号互动。

第四，扬帆启航工作室骨干成员科研能力获得较大提升。年级两名辅导员以"学生兴趣、学生需求、学生成长"为导向，将微信公众号运营团队骨干成员吸收为辅导员思想政治教育课题组成员，辅导员带着学生做课题，引导学生将微信公众号的日常管理工作转化为科研成果，为学生今后的成长成才铺路。

扬帆启航工作室已成为培养有理想、有道德、有文化、有纪律的"四有新人"的重要平台，成为辅导员联系学生、服务学生，做好思政工作的重要渠道，成为创新思想政治教育形式、网络文化育人的重要窗口。

第二节　用好新媒体平台，培养用户习惯

扬帆启航工作室全面贯彻党的教育方针，从培养什么人、怎样培养人、为谁培养人这几个根本问题出发，充分尊重学生成长成才规律，运用学生喜闻乐见的讲述方式，从思想上引导学生，培养学生的思辨能力、社会认知、国际视野，帮助学生练就求真理、悟道理、明事理的真本领，以品德修养筑牢价值基石，以学习实践提升个人能力，把立德树人的根本任务落到实处。

扬帆启航工作室定期对图文阅读量进行分析，调研了解粉丝

阅读偏好，并据此进行专栏的整合和精准化的内容创新，将思政教育与当代大学生的阅读需求和习惯相结合，精品栏目的建设在学生中反响强烈。在教育意义及思想传达的内容方面，公众号创新设计更加突出，推出了更多集教育性、实操性、思考性于一体的特色作品。

视频、音频的引入成为丰富推送形式的重要途径之一。人们获取信息大多通过视觉输入，既快速又省力，相对于文字，视频更有传递信息的优势，更符合人接收信息的习惯，可以同时通过视听等感观获得更全面的信息。团队成员们通过培训可以熟练运用剪辑软件剪辑音频和视频，并导入推送中，这极大地增强了每一篇推送的可读性。例如，扬帆启航工作室在进行传统节日推送时多次采用在学生中征集视频、音频的方式，吸引学生关注公众号，培养学生阅读公众号的习惯。

第三节　开设就业指导与服务专栏

近年来，大学毕业生人数逐年增加，就业形势十分严峻。自2016级学生入校以来，笔者从大一的时候就开始针对年级学生进行职业生涯规划的指导，并通过多种形式开展职业生涯分享交流会。其中一个常态化的工作就是在"就业专栏"中设立经验分享模块。

为了给年级同学职业规划提供参考，就业基础工作依托扬帆启航工作室铺开，"就业指导与服务专栏"由"薪火相传""语重心长"以及"就业季写给大家的一封信"三部分组成。专栏给学生提供了一个了解就业政策和毕业后就业去向的渠道，有助于学生更好地找准职业定位，明确求职方向，实现顺利就业。

（一）"薪火相传"版块

这一版块以法科学生就业主要去向统计数据为依据，联系了一批在工作岗位上表现优秀的校友，先后推出了律师、公务员、公司法务、西部志愿者等不同校友的求职经验和感悟类文章，分享求职故事、传授求职秘籍。该版块推送的文章基本涵盖了法科学生毕业后的主要发展方向，总阅读量达 5000 余次，为学生进行职业规划和就业选择提供了多方位的参考。其中，《薪火相传》第四期推送的《罗高利师兄讲如何做一名优秀的公务员》单篇阅读量达 500 次以上，推文中列举了罗高利同学的工作实例，让同学们充分认识到想在工作岗位上表现出色，把握好细节的重要性；《薪火相传》第六期推送的《杨菁师姐大学生西部志愿者报考和服务经验分享》一文详细地介绍了国家对大学生西部志愿者的政策支持。

（二）"语重心长"版块

这一版块把握学生临近毕业的重要时间节点，对"就业 or 考研"这一问题进行追问，引发学生思考，为什么要选择考研？没考上研究生怎么办？

一旦考研失利，又错过了校园招聘的黄金期，同学们就会被迫加入社会招聘的大军，从而失去了应届生的优势。"聊聊应届生身份那些事儿"、"珍惜你的应届生身份，就业没你想的那么难"以及"应届生身份就业的优势"等多篇推文提醒学生要善于把握应届生身份在公务员报考、银行招聘、国企招聘等各方面的优势。具体而言，以报考公务员为例，应届生在报考资格和职位选择上都具有较大优势，在国家公务员或者各省市公务员招考简章中，有部分职位专门限定"应届生"报考。除此之外，应届生在校期间有大量时间可自由支配，这使得其备考时间也有了更为充分的保障。

第四节　"就业季写给大家的一封信"栏目

2020 年注定是不同寻常的一年，就业季遭遇疫情，让本就艰难的就业工作雪上加霜。疫情隔绝了人员流动，但阻断不了信息流动，困难时刻学校、学院、年级积极为同学们求职"做好嫁衣"。为此，设立"就业季写给大家的一封信"这一栏目。借助以往就业季的相关数据进行升学和就业形势分析，结合疫情现状，让同学们做到心中有数。除此之外，年级在这一栏目中还进行了省考、选调生、考研调剂、毕业论文、考研复试、西部计划、大学生村官等相关问题的整理，为大家毕业去向的选择提供了多种方案。这一版块的设立让学生清晰了解就业途径，毕业去向选择趋于合理和理性，不少同学都选择了大学生志愿服务西部计划、选调生等看似"不同寻常"的道路。

扬帆启航工作室是年级辅导员与学生交流的重要渠道，辅导员充分利用新媒体平台宣传国家就业政策，分析就业形势，帮助学生树立正确的世界观、人生观、价值观、就业观，做好学生锤炼品格的引路人，学生学习知识的引路人，学生创新思维的引路人，学生奉献祖国的引路人，在就业信息推送、就业政策宣传等多方面助力学生顺利实现就业。

附　录

就业季给大家的第一封信
就业形势分析

各位同学：

不知不觉，已经陪伴大家走过了 3 年 6 个月。还有 4 个月你们即将毕业，或走上工作岗位，或继续在国内或国外深造。觉得时间过得太快，好像 2016 年 9 月你们入学和军训的场景还历历在目，却要接受你们快要毕业的现实。

面对突如其来的疫情，国考面试已推迟、考研复试可能推迟，各省市省考也可能推迟，这些都让今年的就业季面临更多的不确定性。在当前形势下，年级借助以往就业季的相关数据进行升学和就业形势分析，希望对考研和求职的同学有些许帮助。

1. 考研的同学需要认清今年的升学形势

今年硕士研究生招生考试初试成绩将于 2 月中下旬陆续公布，报考我校硕士研究生的同学也将在 4 天后（2 月 20 号）查询到初试成绩。今年全国硕士研究生招生考试报名人数为 341 万人，较上一年度的 290 万人增加了 51 万人，再次创历史新高。根据年级的考研情况统计，报考我校研究生的同学大约占年级总人数的 55%，而根据我校研究生招生办公室的统计，近几年报考我校研究生报名和录取的比例大约为 20%。假设今年本校考取比例与近几年持平，那么年级考上本校的同学大约占年级总人数的 11%，大约 44% 考本校的同学将面临重新选择的问题。报考外校研究生的同学大约占年级总人数的 25%，假设今年与近几年学院本科考取外校的比例相当，年级考上外校的同学大约占年级总人数的10%，大约还有15%考外校的同学将面临重新选择的问题。近两年，特别是去年，随着报考人数的增加，调剂压力也比较大，大约有3%—4%的同学能通过调剂上线，每年情况会有所不同。

如果研究生考试分数过线，而开学延迟，这部分同学在家请认真准备复试，争取被成功录取；如果初试分数稍差，请及时关注全国各大高校研究生调剂信息，尽可能争取调剂。今年就业形势严峻，更多的学子可能选择参加明年的研究生考试，这也会给二次考研的同学带来更大的压力，好好把握调剂机会，争取今年顺利"上岸"。考研成绩确实不理想的同学，在就业和再次选择升学之间请认真做好抉择，有明确的决定后，就要抓住机会全力以赴。

2. 求职的同学需要认清今年的就业形势

秋招还未确定工作单位的同学和考研初试不理想转为求职的同学都在等待春招的机会，为了帮助同学们在毕业前顺利就业，年级第一、第二党支部设立党员志愿服务岗，辅导员和党员志愿者根据以往就业季的情况，对2月—6月的就业机会进行了梳理，让同学们做到心中有数。

（此处信息省略）

以上梳理的信息可能会因疫情时间有所推迟。就业季遭遇疫情，疫情隔绝了人员流动，但阻断不了信息流动。困难时刻，学校、学院、年级将积极为同学们求职"做好嫁衣"，做好各项就业服务保障工作，对每一个在求职路上需要就业指导服务的同学，做好有针对性的就业辅导，不负四年前的那个七月你们做出的选择，不负四年前的那个九月你们入学时所期待的美好未来！

在家的这段时间，希望考研的同学认真准备复试，求职的同学认真修改自己的简历，了解企业面试的常见题型、在家模拟企业远程面试，把握各类网络双选会的求职机会，积极投递个人简历，抓住各类机会。同时，这可能是部分同学走入职场前宝贵的假期，以后每年春节就只有 7 天节假日，趁这段时间多陪陪父母。

相信寒冬终归会过去，战疫一定会胜利。请同学们居家做好个人和家人防护工作，期待春天我们再见面，大家都平安！

辅导员张静老师

2020 年 2 月 16 日

就业季给大家的第二封信
公务员报考形势分析

各位同学：

　　第一封信里为大家简要分析了考研和就业形势，部分同学将"省考"作为加入公职队伍、实现自我价值的一个重要途径，但公务员考试每年都是千军万马过独木桥，加之今年疫情影响，公务员考试势必竞争激烈。要参加考试，我们首先要了解形势，所谓知己知彼，百战百胜，了解近几年我校和我院考上公务员的数据，有助于我们掌握我校本科生特别是法学毕业生目前公考"上岸"情况，也要求志在公考的同学化压力为动力，投入更多的精力在考试的准备上。以下是近几年的数据整理。

　　（数据省略）

　　从以上数据我们可以看出，2018 年、2019 年我校考入党政机关的同学相比 2014 年明显减少，这也从侧面反映了公考竞争日益激烈，部分同学要做好双重准备，一方面好好准备考试，另一方面也要积极参加企业或律所招聘，给自己留退路。

　　分析了形势，年级特邀唐子昊同学收集省考方面的资料并进行数据整理，为大家回答"什么是省考""省考的报考要求""省考考什么""如何备考"等问题。

辅导员张静老师

2020 年 2 月 17 日

就业季给大家的第三封信
选调生报考形势分析

各位同学：

　　见字如面。第二封信里说了"省考"，咱们今天主要聊聊"选调生"。"选调生"考试作为加入公职队伍的另一个途径，只针对应届毕业生，部分同学可以保持关注。

　　在切入正题之前，先给大家讲一个故事。2016 年 9 月正是大家军训期间，我接到一个师兄的电话，他考上选调生，参加完培训后，被分配到乡镇工作。正式上岗后觉得和之前想象的工作环境和工作内容差距太大，加之他考的不是自己的家乡，周围没有认识的亲人或同学、朋友，决定放弃，所幸师兄通过了当年的法律职业资格考试，可以重新选择。讲这个故事是告诉大家选择之前要对以后的工作环境和工作内容有一个基本的认知和评估，否则重新选择会增加时间成本和机会成本。

　　通过对今年全国各省市选调生报考时间和报考条件进行梳理，目前以下 4 个省、市、自治区还可以报考，分别是重庆市（公告已出）、河北省、海南省、广西壮族自治区，西藏自治区和新疆维吾尔自治区由于未找到数据，暂时不确定。

　　为了帮助大家近距离了解选调，年级特邀目前可以报考的两个省市（重庆市、河北省）已经通过选调"上岸"的 2 位师兄师姐给大家分享选调生的备考经验，其中一位是大家非常熟悉的冷师兄，将通过子图文形式推送。

此外，年级安排张欣敬、唐子昊、林欣森 3 位同学收集选调生方面的资料并由张欣敬同学汇总整理，重点为大家回答"什么是选调生""选调生报考条件""选调考什么""选调生和公务员的区别"。

辅导员张静老师

2020 年 2 月 19 日

就业季给大家的第四封信
考研调剂事宜

各位同学：

考研初试成绩已出，其他各省市考研初试成绩也将于近两天陆续公布。部分初试成绩不理想但有调剂希望的同学通过 QQ 在线上向我咨询调剂情况，我发现大家对调剂有许多疑问，现在就大家咨询的问题做统一的解答。另外，有调剂意愿的同学可以关注近四年学院师兄师姐调剂去往的目标院校，在院校选择和信息获取上进行咨询。需要寻找师兄师姐联系方式的可以在网上询问我或骆老师，我们会尽量通过各种渠道了解后告知。以下是整理的常见问题：

1. 什么是调剂？

初试分数未达到报考的目标院校要求，但分数过了国家线，在未能招满的学校中进行再次选择。

2. 调剂在哪里进行？

中国研究生招生信息网 http：//yz. chsi. com. cn/。

3. 调剂的流程是什么？

登录中国研究生招生信息网，点击调剂系统，查询计划余额，填报调剂志愿，参加复试，等待是否录取通知。可以同时选择三所院校，选择时有梯度，最想去的学校排在第一位，剩下的两个志愿保底，万一第一个调剂申请未通过，可以获得二次机会。

4. 什么时候着手调剂？

研究生的初试成绩出来之后，调剂工作已经启动。2019 年中国研究生招生信息网公布的网上调剂系统的开放时间为 2019 年 3 月 20 日至 2019 年 4 月 30 日。各高校的调剂工作流程一般为发布调剂信息、接收预报名、接收投递材料、筛选进入复试的学生、通知复试。大家查完成绩后，确定过不了目标院校的复试线就要着手调剂工作，进行信息收集、简历梳理、复试备考。

5. 调剂的学校如何选择？

假设部分同学选择考名校，初试分数不错，比如考人民大学，初试分数 360 +，但过不了所选专业的复试线，由于初试分数较高，可以选择双一流的综合性大学，重点留意历年接收调剂的综合性大学。

假设部分同学刚过国家线，分数不占优势，可以选择广东等经济发达的省市的二本院校，也可以选择西部地区重点院校或者是生源所在地省份或以后想去工作省市的目标院校。

6. 为什么选择调剂？

第一，自己有强烈的深造意愿，但又不想二次考研。

第二，今年未参加法律职业资格考试或者未通过法律职业资格考试，想在读研期间全身心准备考试，保证法律职业资格考试顺利通过。

第三，结合以后就业的考虑。以后就业就想进入体制内或高校，想满足基本的学历条件，比如省考部分岗位要求的硕士研究生学历。在读研后的就业选择上，许多同学选择进入体制内，而公务员考试"逢进必考"，在这类考试中，学历条件只是"敲门砖"，能否公考"上岸"取决于公务员笔试成绩和面试情况，不管毕业于哪所学校，都站在同一起跑线上重新竞争。

第四，具有硕士研究生学历选择进入体制内的同学，工作满2年享受副科级待遇。具有硕士研究生学历选择进入高校的同学，工作满2年，可以评定中级职称（就是平常说的讲师），这些政策都与学历有关，与毕业学校无关。如果选择去律所工作，有研究生学历、通过法律职业资格考试、律所实习经历是律所招聘时考量的重要因素。

7. 通过何种途径了解调剂的信息？

中国研究生招生信息网、意向调剂目标院校的研究生院研招办网站。由于中国研究生招生信息网发布的调剂信息有一定滞后性，大家务必收藏调剂目标院校的研究生院研招办网站，确保第一时间了解调剂信息。有些目标院校上午发布信息，可能报的人比较多，很快会关闭调剂系统或不再接收调剂信息。

以下是近四年我院师兄师姐调剂去往的目标院校，大家可以看看是否有想去的目标院校，年级可以通过各种途径帮助大家找到师兄师姐的QQ或微信，大家可以一对一沟通。

（具体表格信息省略）

8. 关于调剂，你需要做些什么？

第一，信息收集，结合个人实际选择目标院校。

第二，了解目标学校的复试内容、复试形势，认真准备复试。

第三，对大学四年的经历做梳理，在投递目标院校时附上个人简历、大学期间能证明自己学术能力的材料（论文、科研项目、征文、读书笔记）、社会实践经历材料。在初试分数不占优势的情况下，这些附加项会给你增加进入复试的概率。

9. 想要"二战"的同学，你选择调剂吗？

想要明年二次考研的同学这段时间没有就业打算或就业计划，除了毕业论文，暂时没有其他事情要准备，可以关注调剂，即使最后院校录取了，还可以选择不去，不要让今年一年考研的努力白费。将调剂当成一种经历，去外面走走也是了解考研形势和就业形势很好的途径，和同龄人的交流、和复试的老师交流也是另一种成长。

年级已经建好一个调剂的 QQ 群，群号码稍后公布，方便大家交流信息。

辅导员张静老师
2020 年 2 月 21 日

就业季给大家的第五封信
疫情期间日常管理工作安排

各位同学：

大家好！若没有突如其来的新冠肺炎疫情，现在我们已经在生机盎然的校园正常学习生活了。大家在家准备就业、潜心学习的同时，我院 2016 级本科支部各位党员志愿者已经在紧锣密鼓地为大家搜集就业信息、整理考研各方面的数据，为大家做好"云"服务。想知道返校时间、毕业论文、考研调剂、就业指导等信息？速看本文。

1. 返校时间

学校已于 1 月 27 日发布《关于延迟我校春季开学时间的通知》，通知明确指出："延迟原春季开学时间（2 月 24 日），具体开学时间另行通知。在学校确定返校时间之前，教职工和学生不得返校。"

在此也特别提醒大家：不要提前返校，在家安心"充电"，为考研复试和就业等储存"能量"。

2. 毕业论文

根据我校教务处制定的《2019—2020 学年第二学期疫情防控期间本科教学工作方案》，2016 级毕业生的毕业论文以如期毕业为原则开展组织工作。若原定完成方式（包括但不限于需面对面调查、群体线下聚集或在学校实验室完成）受疫情影响已不能或不宜展开、实施的，指导老师务必遵循可实施与可操作原则尽快指导学生变更选题或调整完成方式，并在变更、调整后加速推进和完成。本科毕业作品的成绩评定方式与时间，可视疫情发展与管控情况酌情调整或特殊处理，后续另行具体通知。

3. 考研

（1）成绩复核

报考我校的考生如对公布的初试成绩有疑义，可申请查分，并留下联系电话。

（2）复试

我校 2020 年硕士研究生复试基本分数线须待教育部公布硕士研究生复试基本分数要求（线），即国家线公布后，经学校研究确定后再行公布。复试工作具体时间安排将根据上级部门要求和疫情防控进展情况确定，请各位考生耐心等待并密切关注我校研究生招生网的相关通知，具体工作安排以实际公布通知为准。

（3）调剂

年级已建立调剂 QQ 群，QQ 群号已经通过信息通知途径发布。

4. 就业

（1）就业指导

一是学校为毕业生提供就业指导与咨询。校园网用户可直接点击"远程镜像"访问，无须账号密码。非校园网内的读者请点击"非校园网访问入口"进入，按提示输入书斋账号密码，或点击登录框下方的"智慧校园账号登录"按钮，使用智慧校园账号登录。

二是电话咨询。相关通知已经在我校就业信息网以及我校就业指导服务办公室微信公众号公布。

（2）线上招聘

我校将于 2020 年 2 月 26 日—28 日举行 A 大学 2020 届毕业生网络双选会，目前参会企业 173 个，可投递职位 4281 个。本次双选会形式为：用人单位网上发布招聘信息——学生上网浏览并投递简历——用人单位后台筛选简历并通知线上面试等后续选人方式。请大家积极投递简历，准备好参加网络面试。

此外，请各位同学及时关注发布在各班通知群中的就业信息。

（3）公务员考试

省考具体信息请看年级微信公众号文章：就业季写给大家的第二封信。

选调生具体信息请看年级微信公众号文章：就业季写给大家的第三封信。

（4）就业手续办理

毕业生就业手续通过线上开展，暂停现场办理。

公务员面试延期，在疫情期间，原则上不再办理公务员考试的推荐表、证明函等材料审核签章工作。如有特殊情况确需办理，经就业办核实后，通过邮寄的形式进行处理。其他确需办理的就业事项，暂不需要提供材料原件，毕业生可将相关材料的照片或扫描件通过邮件发至就业办邮箱 xzjyb666@163.com（邮件标题请注明姓名—学号—事由），所在学院可通过微信或其他线上方式出具审核或推荐意见；学校据此办理后将材料寄还学生或者发送扫描件。待疫情解除后，毕业生再向学校提交相关材料原件。

更多信息，可以在我校就业信息网查询。

期待春暖花开时，我们再次相聚在美丽的山城。

辅导员张静老师

2020 年 2 月 23 日

就业季给大家的第六封信
基层就业项目之
"大学生志愿服务西部计划"

各位同学：

　　大家好！部分同学对第一封信中的基层就业项目之"大学生志愿服务西部计划"有很多疑惑，下面先给大家分享《中共 A 大学委员会关于引导和鼓励毕业生面向西部和基层就业实施办法》的相关内容，划重点！！！

　　我校为鼓励同学们参加国家和地方服务基层项目，每年设立毕业生面向西部和基层就业专项奖励基金 50 万元，授予参加国家和地方服务基层项目及到西部和基层就业的毕业生"A 大学服务西部和基层优秀青年志愿者"荣誉称号，颁发荣誉证书。

　　对参加全国大学生志愿服务西部计划、三支一扶计划等国家服务基层项目的毕业生，每人奖励人民币 3000 元；对参加农村义务教育阶段教师特设岗位计划及地方服务基层项目的毕业生每人奖励人民币 1000 元。

　　对非西部地区生源到西部地区和基层就业的毕业生给予奖励，到西藏自治区县及县级以下基层单位就业的毕业生奖励人民币 5000 元；到新疆维吾尔自治区、宁夏回族自治区、内蒙古自治区、青海省、甘肃省、贵州省县及县以下基层单位就业的毕业生奖励人民币 3000 元。

　　服务期满 3 年报考我校硕士研究生的，享受初试总分加 10 分的政策，同等情况下优先录取。面向西部和基层就业的毕业生除享受我校政策优惠和奖励外，同时享受国家和重庆市的有关政策。

为了让大家进一步了解西部计划是什么、招募选拔流程，年级特邀罗力铖同学整理更详尽的资料。罗力铖同学目前属于 A 大学第 22 届研究生支教团队，毕业后即将赴西部地区开展为期 1 年的支教服务。为了帮大家更全面地解读"大学生志愿服务西部计划"政策，他多次和校团委西部计划负责老师沟通相关细节，在此特别感谢罗力铖同学的协助！

辅导员张静老师

2020 年 2 月 27 日

就业季给大家的第七封信
基层就业项目之"大学生村官"

各位同学：

大家好！第六封信为大家讲解了大学生志愿服务西部计划，部分同学对基层就业政策中的大学生村官有很多疑惑，年级特邀程依、许巧玥、郑智文三位同学收集了这方面的资料并进行整理，为大家答疑解惑。各地区大学生村官报名、考试时间都不同，考生需根据所在地区进行相关查阅。不同地级市招聘岗位、报名时间有所不同，请有意向的同学密切关注地级市、县的人事考试网。

如果要报考大学生村官，应做如下准备：第一步，关注当地省份发布的招聘公告；第二步，选择相关复习资料；第三步，制订学习计划；第四步，进行模拟考试；第五步，关注考试时间，确保不错过考试信息。

辅导员张静老师
2020 年 3 月 2 日

参考文献

一、著作

［1］金树人．生涯咨询与辅导［M］．北京：高等教育出版社，2007．

［2］杨德广．高等教育学概论［M］．上海：华东师范大学出版社，2010．

［3］张科．大学生精准就业模式探索与实践［M］．成都：西安交通大学出版社，2020．

［4］曲振国，杨文亭，陈子文，赵砚芬．大学生就业指导与职业生涯规划（第2版）［M］．北京：清华大学出版社，2020．

［5］赵秋，黄妮妮，姚瑶．大学生就业指导［M］．北京：北京师范大学出版社，2020．

［6］苏文平．大学生职业生涯规划与就业创业指导［M］．北京：中国人民大学出版社，2018．

［7］魏勃，张晓凤，谢辉．大学生基层就业与创业［M］．北京：中国人民大学出版社，2018．

二、期刊

［1］蒋丽平，刘宇文．大学生"慢就业"现象本质解析及对策［J］．学校党建与思想教育，2020（2）．

［2］亓艺．高校辅导员在就业困难大学生精准就业服务中的角色定位与工作方法［J］．就业与保障，2020（14）．

［3］张金鲜，何路．基于立德树人的高校落实精准化大学生就业创业指导服务策略探究——以东华大学为例［J］．纺织服装教育，2019（10）．

［4］张静．大学生就业精准服务实证研究［J］．中国大学生就业，2018（9）．

［5］中华人民共和国教育部．教育部关于做好2016届全国普通高等学校毕业生就业创业工作的通知［EB/OL］．（2015-12-01）［2020-6-18］．http：//www. moe. gov. cn/srcsite/A15/s3265/201512/t20151208_ 223786. htm.

［6］中华人民共和国教育部．教育部关于做好2017届全国普通高等学校毕业生就业创业工作的通知［EB/OL］．（2016-11-28）［2020-6-18］．http：//www. moe. gov. cn/srcsite/A15/s3265/201612/t20161205_ 290871. html.

后　记

我在本科期间内心就萌生了成为一名高校辅导员的想法，于是立志考研，一步一步向既定的目标靠拢。硕士研究生毕业后，我放弃回到家乡法院工作的机会，放弃与爱人团圆的机会，选择两地分居，成为一名高校辅导员。有同期进校的教师一直劝我，师兄师姐也劝我，放弃公务员的正式编制，选择在基层做一名辅导员不划算，他们无法理解这样的决定，但最终我还是选择遵从本心，入职高校，开启一段奇妙的旅程。

刚开始工作的时候，我尽管缺乏经验，却有满腔热血，这些都化为对学生的关怀和爱，陪伴和坚守，与第一届学生也结下了深厚的感情。

两地分居三年，在山城的每天除了工作还是工作。因为孤独，我希望闲暇时间被工作占据，这样就能暂时忘却两地分居的苦楚。每当特别孤独的时候，我的内心也会怀疑自己当初的决定，这样的坚持是否值得。庆幸的是，分居三年之后，在我家宝贝出生的时候，我和爱人结束了两地分居的双城生活，一家人终于团聚。

其实，我很幸运，刚参加工作不久，学校为进一步推进辅导员队伍职业化、专业化建设，进一步引导辅导员凝练工作成效、提升理论素养，专门设置辅导员择优资助计划、辅导员工作室、学生思想政治教育科研项目、辅导员工作精品项目，明确辅导员职称评审单列、增加辅导员队伍专项建设经费、明确对外培训比例、单设先进评选系列等支持措施，为辅导员科研成长搭建平台，为辅导员全面发展提供支持。正是得益于这些政策支持，助推了我个人的科研能力不断提升。

学校就业指导和服务办公室非常重视做好大学生就业精准服务工作，致力于探索建立大学生就业精准服务长效工作机制，先后打造"简历诊室""职规零距离""职要有你"等个性化就业指导品牌活动，助力大学生精准就业。

在指导学生的过程中，学院紧密结合学校的品牌活动和学生人才培养的第一课堂，要求辅导员在各年级开展"悦读经典"读书会、职业生涯规划大赛、案例分析大赛、就业能力提升大赛等第二课堂品牌活动，将就业指导和服务工作融入人才培养的全过程。

正是这些工作经历，给予了我书籍写作的最初灵感，我希望把这些琐碎但有价值的工作凝练成经验，以期更好地做好未来的工作，于是开始构思本书的写作，并有意识地收集整理工作素材。由于辅导员工作繁忙，白天被大量的事务性工作填满，晚上常常也需要加班处理工作事务或者与学生谈心谈话，很难抽出空余的时间投入本书的写作，写作时断时续。

2020 年，新冠肺炎疫情全面暴发，疫情期间的毕业生就业工作更加艰难。

2020 年 7 月，我送走了第二届毕业生，终于下定决心要完成本书的写作，希望能有一本书承载我对过去九年辅导员工作的总结，开启一段新的旅程。

庆幸的是，每年的寒暑假我还有一段全部属于自己的时间，一个人在办公室里，暂时忘掉工作中的烦恼，静下心来阅读，一章一节地构思，一字一句地写作。2021 年 2 月，我终于完成了初稿，之后经过精心打磨，不断润色和修改，最终成稿交付编辑。想起自己寒暑假期间，从清晨写到夜晚，我记不清有多少日日夜夜，一边回忆与学生一起经历的时光，一边进行书稿的写作，在这样的时光里，累并快乐着。

本书的出版得到了学院党政领导的大力支持，感谢学院领导张渝书记、谭宗泽院长、金承光副院长、胡兴建副院长、张文浩副书记，正是学院党政领导对辅导员团队的关心和关爱，使得本书能够顺利出版，得以面世。

感谢简敏教授拨冗为本书作序，并鼓励我积极申报与本书研究主题相关的课题，参与研究主题相关的学术论坛和报告会。感谢朱琳副教授在本书的写作过程中给予的许多有价值的建议。感谢王波老师、张琼老师、母睿老师，为本书的顺利出版给予的无私帮助。

在本书的写作过程中，我的搭档骆黎老师一直给予我积极的支持，许多就业工作的尝试也是我们共同完成的，没有实践即没有理论。我校 2013 级校友石陆峰为本书的出版也提供了很多帮助，在此一并致谢。

还有我的学生们，聂颖、陈艺元、康智伟、孟淋、段理、刘新华、丁黎、林之淼、程依、汤贞友、张超，他们与我一起设计本书的章节安排，提供案例写作的思路，在本书的写作过程中付出了大量的劳动。可以说，没有他们的付出，我很难完成本书的写作。

本书中的 40 个案例都是真实的故事，虽然在案例中隐去了学生的名字，但是没有和他们共同经历的时光，我也写不出这些有价值的学生成长案例。

感谢我的家人，是他们一如既往的无私支持，我才能顺利完成本书的写作。

我会一直在辅导员专业化、职业化的路上，不忘初心，砥砺前行！

张　静
2021 年 4 月